i-MANUEL 2.0

LA SOLUTION NUMÉRIQUE

pour mettre les élèves en activité

COMMENT ACCÉDER À VOTRE i-MANUEL 2.0 ÉLÈVE

Votre enseignant souhaite travailler en classe avec le i-Manuel 2.0 :

POUR ACTIVER VOTRE i-MANUEL 2.0

1. ▶ Transmettez votre clé d'activation imprimée ci-dessous à votre enseignant qui, en retour, vous communiquera vos identifiant et mot de passe.

VOTRE CLÉ D'ACTIVATION PERSONNELLE

BM-2-24-MYUDD-2PHC0

L'activation des licences i-Manuel 2.0 des élèves est laissée au libre choix de l'enseignant et l'ouvrage imprimé peut toujours être utilisé seul. Il faut activer au minimum 12 clés élèves pour créer une c

2. ▶ **Ensuite, pour vous connecter,**
rendez-vous, selon les indications de votre enseignant :

W0400493

- ▶ Sur imanuel.nathan.fr et connectez-vous à votre espace élève i-MANUEL 2.0 avec vos identifiant et mot de passe.

OU

- ▶ Sur la plateforme, ou l'ENT de votre établissement, et accédez directement à votre i-MANUEL 2.0.

À SAVOIR

Votre clé d'activation élève est unique et personnelle, une fois utilisée, elle ne sera plus valide.
Elle offre un accès à un seul élève pour une période de 24 mois (à compter de la première activation) et ne peut être réutilisée par d'autres élèves les années suivantes.

Pour l'enseignant : rendez-vous sur **www.nathan.fr/i-manuel2** pour contacter votre délégué pédagogique Nathan, disposer de toutes les informations pratiques pour créer vos classes, activer les licences de vos élèves.
Au-delà de 100 licences élèves à activer, vous pouvez contacter accompagnement@cns-edu.fr
Pour équiper vos élèves de nouvelles licences 100% numériques i-Manuel 2.0, connectez-vous sur cns-edu.com

Nathan TECHNIQUE

Entre-lignes

1re & Tle BAC PRO

Céline **CHALONGES**
Emmanuelle **FICHAUX**
Virginie **MARCHAND**
Thomas **PÉAULT**
Armel **RONAN**
Patrick **SANITAS**

Français

RÉFORME DE LA VOIE PROFESSIONNELLE
NOUVEAU PROGRAMME

Nathan
TECHNIQUE

Avec ce livre, une licence i-Manuel 2.0

Le i-Manuel 2.0, un outil simple d'utilisation qui reprend l'ensemble des contenus de ce livre sous forme numérique et interactive.

Il permet d'accéder au contenu de ce manuel à tout moment et en tout lieu sur un ordinateur ou une tablette. L'utilisateur peut donc passer du papier au numérique et choisir le support qui lui convient le mieux selon le travail à faire et le lieu où il se trouve.

Une véritable interactivité entre l'enseignant et sa classe

- Piloter la classe : assurer le suivi du travail des élèves à distance et en cours (recevoir et envoyer du travail, faire des commentaires, intervenir en temps réel)
- Intégrer et envoyer à la classe, à un ou plusieurs élèves, des documents personnels
- Afficher les corrigés ou la correction individuelle du travail de l'élève
- Vidéoprojeter en classe les activités, les documents et les corrections pour animer les cours et travailler collectivement
- Télécharger la version papier pour une utilisation sans connexion
- Imprimer des documents pour mettre les élèves en situation d'examen

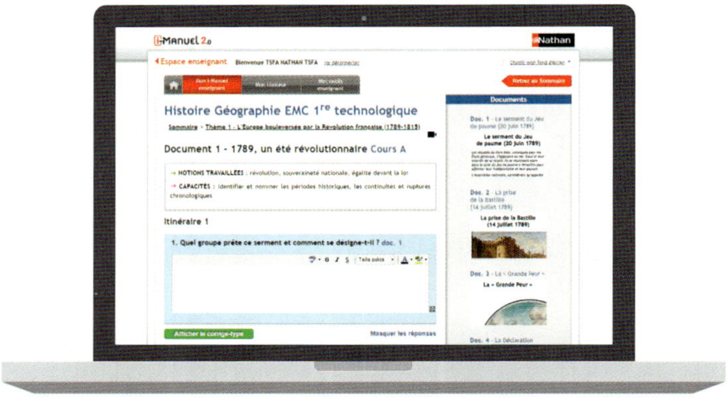

Des fonctionnalités innovantes pour favoriser l'intérêt, la motivation et l'implication des élèves

- Saisir les réponses en travaillant sur ordinateur ou tablette
- Faire les activités et les exercices, préparer ou réviser le cours en classe ou à la maison
- Accéder directement aux ressources numériques, vidéos, logiciels professionnels, fichiers élèves...
- Sauvegarder le travail effectué dans un dossier (classeur)
- Envoyer le travail à son professeur
- S'enregistrer, s'auto-évaluer et se former aux outils numériques

Toutes les infos et les tutos sur www.nathan.fr/i-manuel2

Des ressources numériques en accès direct

Flashez les QR Codes avec votre smartphone ou saisissez les mini-liens associés pour accéder à des vidéos, animations, QCM…

CLASSE DE PREMIÈRE

Objet d'étude 1. Créer, fabriquer : l'invention et l'imaginaire

CLASSE DE TERMINALE

Voici la liste des QR Codes que vous trouverez tout au long de l'ouvrage :

- **Page 17 :** le site web du musée d'Arthur Rimbaud de Charleville-Mézières.
- **Page 25 :** une vidéo du peintre Bernard Cadène qui présente son atelier.
- **Page 43 :** une lecture à voix haute du poème de Paul Éluard : « La courbe de tes yeux ».
- **Page 59 :** le site web du *Guide du routard* qui consacre un dossier à l'écrivain voyageur Blaise Cendrars.
- **Page 67 :** une vidéo des premières minutes du film *Gervaise* de Renée Clément.
- **Page 79 :** une vidéo présentant l'adaptation du livre *Le Rouge et le Noir* en opéra-rock.
- **Page 97 :** un site web retraçant les dates-clés du féminisme.
- **Page 115 :** une conférence TDEx du photographe Antoine Repessé sur son projet « #365 Unpacked ».
- **Page 124 :** une vidéo présentant Matthew B. Crawford et son roman *Éloge du carburateur*.
- **Page 143 :** Un article de *L'Obs* sur les objets connectés du quotidien.

Édition : Géraldine de Saint Palais
Conception maquette intérieure : ADN et Nord Compo
Mise en page : Nord Compo
Coordination artistique : Vincent Rioult
Iconographie : Maryse Hubert
Infographie : Pauline Clavel et Maud Hopsie
Fabrication : Laura Milhomme

Copyright Nathan, 92 avenue de France, 75013 Paris, 2020.
ISBN : 978-2-09-167105-5

DANGER
LE PHOTOCOPILLAGE TUE LE LIVRE

Dante Gabriel Rossetti, *Veronica Veronese*, 1872.

OBJETS D'ÉTUDE PREMIÈRE

1. Créer, fabriquer : l'invention et l'imaginaire

2. Lire et suivre un personnage : itinéraires romanesques

Arthur Rimbaud, *Les cahiers de Douai* (1870-1871)

Parcours de lecture En quoi les poèmes de jeunesse d'Arthur Rimbaud reflètent-ils sa vie et son époque ?

« On n'est pas sérieux, quand on a dix-sept ans... »
Arthur Rimbaud

« J'irai loin, bien loin, comme un bohémien... ».
Ernest Pignon-Ernest, *Arthur Rimbaud*, 1991.

Sensation

Par les soirs bleus d'été, j'irai dans les sentiers,
Picoté par les blés, fouler l'herbe menue[1] :
Rêveur, j'en sentirai la fraîcheur à mes pieds.
Je laisserai le vent baigner ma tête nue.

Je ne parlerai pas, je ne penserai rien :
Mais l'amour infini me montera dans l'âme,
Et j'irai loin, bien loin, comme un bohémien,
Par la Nature, – heureux comme avec une femme.

Mars 1870

Arthur Rimbaud, *Les Cahiers de Douai*, 1870-1871.

1. **L'herbe menue** : l'herbe légère, fragile.

À la musique

Place de la Gare, à Charleville.

Sur la place taillée en mesquines pelouses,
Square où tout est correct, les arbres et les fleurs,
Tous les bourgeois poussifs qu'étranglent les chaleurs
Portent, les jeudis soirs, leurs bêtises jalouses.

– L'orchestre militaire, au milieu du jardin,
Balance ses schakos[1] dans la Valse des fifres[2] :
Autour, aux premiers rangs, parade le gandin ;
Le notaire pend à ses breloques à chiffres.

Des rentiers à lorgnons soulignent tous les couacs :
Les gros bureaux[3] bouffis traînant leurs grosses dames
Auprès desquelles vont, officieux cornacs,
Celles dont les volants ont des airs de réclames ;

Sur les bancs verts, des clubs d'épiciers retraités
Qui tisonnent le sable avec leur canne à pomme,
Fort sérieusement discutent les traités,
Puis prisent en argent[4], et reprennent : « En somme !... »

Épatant sur son banc les rondeurs de ses reins,
Un bourgeois à boutons clairs, bedaine flamande,
Savoure son onnaing[5] d'où le tabac par brins
Déborde – vous savez, c'est de la contrebande ; –

Le long des gazons verts ricanent les voyous ;
Et, rendus amoureux par le chant des trombones,
Très naïfs, et fumant des roses, les pioupious[6]
Caressent les bébés pour enjôler les bonnes...

– Moi, je suis, débraillé comme un étudiant,
Sous les marronniers verts les alertes[7] fillettes :
Elles le savent bien ; et tournent en riant,
Vers moi, leurs yeux tout pleins de choses indiscrètes

Arthur Rimbaud, *Les Cahiers de Douai*, 1870-1871.

« Tous les bourgeois poussifs qu'étranglent les chaleurs / Portent, les jeudis soirs, leurs bêtises jalouses... Des rentiers à lorgnons soulignent tous les couacs ».
Henri Evenepoel, *Promenade du dimanche au bois de Boulogne*, 1899.

1. **Shakos** : képis portés par les soldats.
2. **Fifres** : petites flûtes de bois.
3. **Les gros bureaux** : les employés de bureau.
4. **Prisent en argent** : prennent leur tabac dans des tabatières en argent.
5. **Onnaing** : pipe en terre cuite.
6. **Les pioupious** : les soldats.
7. **Alertes** : vives, éveillées.

Jeff Rosman, *Arthur Rimbaud alité*, 1873.

Pistes de réflexion

1. À quoi le jeune poète rêve-t-il dans le premier poème ? Dégagez les thèmes principaux qu'il développe.
2. Quel regard le poète adolescent porte-t-il sur les habitants de sa ville ? Appuyez votre réponse sur le portrait d'un des personnages évoqués dans « À la musique »
3. Que montre la confrontation des deux poèmes sur les sentiments qui animent leur auteur ?

Le mal

Tandis que les crachats rouges de la mitraille
Sifflent tout le jour par l'infini du ciel bleu ;
Qu'écarlates ou verts, près du Roi qui les raille,
Croulent les bataillons en masse dans le feu ;

Tandis qu'une folie épouvantable broie
Et fait de cent milliers d'hommes un tas fumant ;
– Pauvres morts ! dans l'été, dans l'herbe, dans ta joie,
Nature ! ô toi qui fis ces hommes saintement !...

– Il est un Dieu, qui rit aux nappes damassées
Des autels, à l'encens, aux grands calices[1] d'or ;
Qui dans le bercement des hosannah[2] s'endort,

Et se réveille, quand des mères, ramassées
Dans l'angoisse, et pleurant sous leur vieux bonnet noir,
Lui donnent un gros sou lié dans leur mouchoir !

Arthur Rimbaud, *Les Cahiers de Douai*, 1870-1871.

1. **Calices** : coupes sacrées dans lesquelles se boit le vin de messe.
2. **Des hosannah** : des prières.

Le dormeur du val

C'est un trou de verdure où chante une rivière,
Accrochant follement aux herbes des haillons
D'argent ; où le soleil, de la montagne fière,
Luit : c'est un petit val qui mousse de rayons.

Un soldat jeune, bouche ouverte, tête nue,
Et la nuque baignant dans le frais cresson bleu,
Dort ; il est étendu dans l'herbe, sous la nue,
Pâle dans son lit vert où la lumière pleut.

Les pieds dans les glaïeuls, il dort. Souriant comme
Sourirait un enfant malade, il fait un somme :
Nature, berce-le chaudement : il a froid.

Les parfums ne font pas frissonner sa narine ;
Il dort dans le soleil, la main sur sa poitrine,
Tranquille. Il a deux trous rouges au côté droit.

Octobre 1870

Arthur Rimbaud, *Les Cahiers de Douai*, 1870-1871.

« Un soldat jeune, bouche ouverte, tête nue... dort. »
Édouard Detaille, *Fantassins dans un chemin creux, fragment du panorama de la bataille de Champigny*, 1882, musée de l'armée.

Pistes de réflexion

1 En 1870-1871, la France est en guerre contre l'Allemagne. Comment Arthur Rimbaud dénonce-t-il cette situation dans ses poèmes ?

2 À travers quels mots et quelle ponctuation la révolte de l'adolescent s'exprime-t-elle dans « Le mal » ?

3 Sur quoi l'effet de surprise du poème « Le dormeur du val » repose-t-il ?

4 Étudiez la progression thématique des strophes du poème « Le dormeur du val ».

5 Quels sentiments personnels le poète fait-il partager au lecteur dans les deux poèmes ? De quelle manière ?

Ma bohème

Je m'en allais, les poings dans mes poches crevées ;
Mon paletot[1] aussi devenait idéal ;
J'allais sous le ciel, Muse ! et j'étais ton féal[2] ;
Oh ! là ! là ! que d'amours splendides j'ai rêvées !

Mon unique culotte avait un large trou.
– Petit-Poucet rêveur, j'égrenais dans ma course
Des rimes. Mon auberge était à la Grande-Ourse.
– Mes étoiles au ciel avaient un doux frou-frou

Et je les écoutais, assis au bord des routes,
Ces bons soirs de septembre où je sentais des gouttes
De rosée à mon front, comme un vin de vigueur ;

Où, rimant au milieu des ombres fantastiques,
Comme des lyres, je tirais les élastiques
De mes souliers blessés, un pied près de mon cœur !

Arthur Rimbaud, *Les Cahiers de Douai*, 1870-1871.

1. **Paletot** : veste.
2. **Ton féal** : ton serviteur.

Au Cabaret-Vert

Depuis huit jours, j'avais déchiré mes bottines
Aux cailloux des chemins. J'entrais à Charleroi[1].
– Au Cabaret-Vert : je demandai des tartines
Du beurre et du jambon qui fût à moitié froid.

Bienheureux, j'allongeai les jambes sous la table
Verte : je contemplai les sujets très naïfs
De la tapisserie. – Et ce fut adorable,
Quand la fille aux tétons énormes, aux yeux vifs,

– Celle-là, ce n'est pas un baiser qui l'épeure[2] ! –
Rieuse, m'apporta des tartines de beurre,
Du jambon tiède, dans un plat colorié,

Du jambon rose et blanc parfumé d'une gousse
D'ail, – et m'emplit la chope[3] immense, avec sa mousse
Que dorait un rayon de soleil arriéré.

Arthur Rimbaud, *Les Cahiers de Douai*, 1870-1871.

« Je m'en allais, les poings dans mes poches crevées... Mon auberge était à la Grande-Ourse... Ces bons soirs de septembre... »
Portrait de Rimbaud par Verlaine, juin 1872.

1. **Charleroi** : ville de Belgique, située à une centaine de kilomètres de chez Arthur Rimbaud.
2. **Qui l'épeure** : qui l'effraie.
3. **La choppe** : verre de bière.

Pistes de réflexion

1. Relevez les comparaisons dans le poème « Ma bohème ». Comment transforment-elles la réalité ?
2. Quelle définition Rimbaud donne-t-il de la « bohème » ?
3. À travers quels détails dans les deux poésies, le poète fait-il partager au lecteur le sentiment de bonheur qui l'anime ?
4. Dans « Au Cabaret-Vert », sur quelles sensations (vue, goût, odorat, toucher, ouïe) le plaisir ressenti s'appuie-t-il ? À travers quels mots ? Relevez les réseaux lexicaux des sensations.

Étudier un recueil de poésies

1 Les sources d'inspiration d'Arthur Rimbaud

1. Le jeune poète s'inspire de la réalité pour exprimer ses sentiments.
Recopiez et complétez le tableau suivant avec les informations de chaque poème.

	Lieux évoqués	Personnages	Temps verbal utilisé	Sentiments exprimés
À la musique				
Sensation				
Le mal				
Le dormeur du val				
Ma bohème				
Au Cabaret-Vert				

2. Reformulez l'histoire racontée par chaque poème en une ou deux phrases.

2 L'époque où les poèmes sont écrits

1. Lisez l'encadré « Connaissances » ci-contre. Recherchez sur Internet la distance qui sépare Sedan de Charleville. Que peut-on en conclure ?
2. Quels poèmes évoquent la guerre ? Choisissez l'un d'eux et notez dans votre carnet de lecteur quelles impressions il provoque.

Connaissances

La guerre franco-prussienne de 1870-1871

Durant un an, une guerre oppose la France de Napoléon III au royaume de Prusse et à ses alliés allemands. C'est « l'année terrible », qui provoque la chute du Second empire et le retour de la République. Il est peu probable que Rimbaud ait assisté aux combats ou croisé le « dormeur du val ». Mais comme tous les Français de son époque, il est marqué par l'invasion de la France et la défaite de ses armées, lors de la bataille de Sedan.

Guerre de 1870 : la charge des cuirassiers lors de la bataille de Froeschwiller-Woerth, lithographie de 1870.

3 Le travail d'écriture du poète

1. Observez ce manuscrit d'un autre poème du recueil d'Arthur Rimbaud. Selon vous, pourquoi la date accompagne-t-elle sa signature ?

2. Quel mot est corrigé au début de la troisième strophe ? Quelle préoccupation montre cette correction tardive ?

3. À votre tour, recopiez ce poème sur votre carnet de lecteur, comme si vous étiez Rimbaud lui-même. Faites particulièrement attention à la ponctuation et à la disposition des strophes.

Analyse

Retrouvez les règles du sonnet dans le poème. Expliquez sur quelle surprise repose le dernier vers du poème.

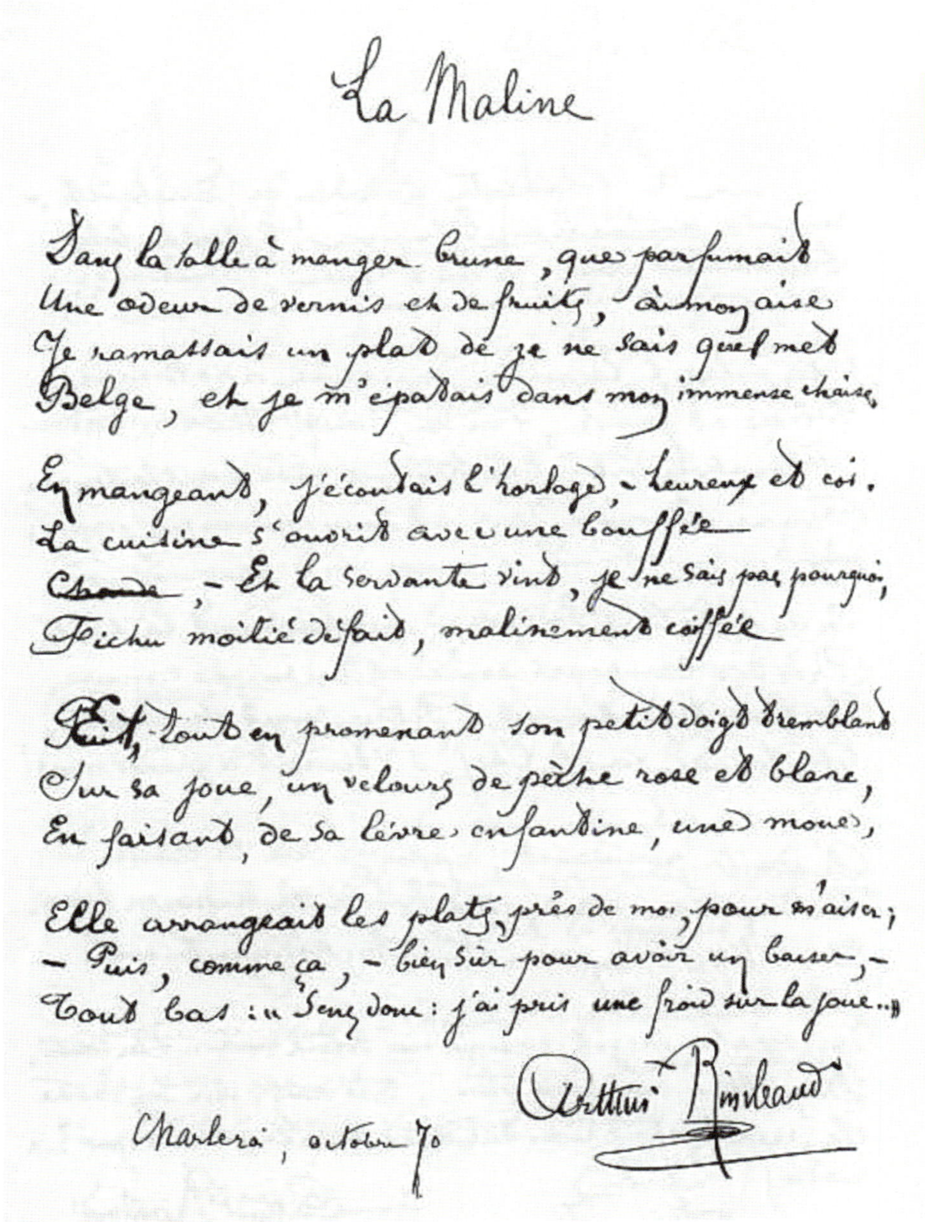

La Maline

Dans la salle à manger brune, que parfumait
Une odeur de vernis et de fruits, à mon aise
Je ramassais un plat de je ne sais quel met
Belge, et je m'épatais dans mon immense chaise.

En mangeant, j'écoutais l'horloge, – heureux et coi.
La cuisine s'ouvrit avec une bouffée
Chaude, – Et la servante vint, je ne sais pas pourquoi,
Fichu moitié défait, malinement coiffée

Et, tout en promenant son petit doigt tremblant
Sur sa joue, un velours de pêche rose et blanc,
En faisant, de sa lèvre enfantine, une moue,

Elle arrangeait les plats, près de moi, pour m'aiser ;
– Puis, comme ça, – bien sûr pour avoir un baiser, –
Tout bas : « Sens donc : j'ai pris une froid sur la joue... »

Arthur Rimbaud

Charleroi, octobre 70

Manuscrit de « La maline » d'Arthur Rimbaud.

Connaissances

Le sonnet

Le sonnet est un poème de forme fixe. Il est composé de quatorze alexandrins, répartis en deux quatrains (strophes de quatre vers) et deux tercets (strophes de trois vers). Les deux quatrains ont des rimes ABBA ou ABAB. Les deux tercets ont des rimes CCD/EED ou CCD/EDE. Le dernier vers crée un effet de surprise.

Enquêter sur la vie d'Arthur Rimbaud

1 L'enfance de Rimbaud

1. **Cherchez sur Internet des informations sur l'entourage d'Arthur Rimbaud. Sans faire de phrases, complétez le tableau ci-dessous après l'avoir recopié.**

	Père	Mère	Frères et sœurs	Cadre de vie
Informations recueillies				

2. **Rimbaud surnomme sa mère « la darompe », « la bouche d'ombre », « la Rimb' » ou encore « la mother ». Selon vous, pourquoi ?**

2 Les fugues de l'adolescent

L'année 1870-1871 voit Arthur Rimbaud faire trois fugues successives. Il a seize ans et a déjà commencé à écrire des poèmes.

Cherchez sur Internet des informations sur les fugues de Rimbaud. Complétez la chronologie ci-dessous et recopiez-la dans votre carnet de lecteur.

1865-1869 : Rimbaud écrit ses premiers poèmes.
Janvier 1870 : Il se lie d'amitié avec…
Mai 1870 : Il envoie ses poèmes à Théodore de Banville. Il a envie de …
Août-septembre 1870 : …
6 octobre 1870 : …
20 octobre 1870 : anniversaire de Rimbaud. Il a … ans.
25 février-10 mars 1871 : nouvelle fugue de Rimbaud, qui se rend à Paris.
Fin septembre 1871 : rencontre avec Paul Verlaine.
10 juillet 1873 : …
Début 1875 : Rimbaud renonce à écrire de la poésie.

Xavier Coste, *Rimbaud l'indésirable*, Éd. Casterman, 2013.

3 Le poète aventurier

La vie de Rimbaud reste en grande partie mystérieuse. On ne la connaît que par de rares témoignages et par les lettres qu'il envoyait, lors de ses innombrables voyages. Il rentre en France en 1891, très malade, et meurt à Marseille, auprès de sa sœur Isabelle. Il a 37 ans.

1. **Lisez le texte suivant. Qui l'a écrit ? Selon vous, pourquoi ? À quels événements de la vie de Rimbaud est-il fait allusion ?**

2. **Choisissez trois poèmes du recueil que vous pouvez associer à une citation de ce texte.**

Je me revois toute petite, à l'époque de son premier départ, en septembre 1870. C'était le soir, bien tard. Sous les grandes allées de marronniers, à Charleville, la foule en tumulte se pressait pour avoir des nouvelles de la guerre, et l'on ne parlait, hélas ! que de défaites. [...]

Depuis lors, je l'ai suivi partout à travers le monde, en pensée, en souffrance, en joie, sans y forcer ma volonté, presque malgré moi. Aux mauvais jours, quand il endurait le froid, la faim, je souffrais avec lui. Mon esprit anxieux ne pouvait se reposer nulle part. Positivement, oui, je sentais une part de moi-même en détresse.

Isabelle Rimbaud, *Mon frère Arthur*, 1892.

L'une des dernières photographies de Rimbaud, en Éthiopie, en 1883.

3. **Faites une visite virtuelle sur Internet du musée Arthur Rimbaud de Charleville-Mézières. Quelles sont les différentes facettes de la personnalité du poète présentées ? Illustrez chacune d'elle au moyen d'une image de votre choix.**

Site web
liennathan.fr/7g9d6d

4. **Réalisez une carte des errances de Rimbaud avec les lieux suivants :**

1. Charleville
2. Paris
3. Charleroi
4. Londres
5. Bruxelles
6. L'Égypte
7. Chypre
8. Le Harar
9. Aden
10. Marseille

Inventer un recueil de poèmes

Objectif

Afin d'illustrer les impressions ressenties lors de votre lecture des *Cahiers de Douai* d'Arthur Rimbaud, vous allez réaliser un recueil personnalisé.

1 Travail préparatoire

Votre couverture illustre un poème, une strophe ou quelques citations qui vous ont particulièrement intéressé(e).

1. Relisez les poèmes proposés pages précédentes. Et choisissez celui que vous préférez. Vous pouvez aussi choisir une sélection de strophes ou de vers qui vous ont touché(e).
2. Saisissez votre choix sur traitement de texte, sans oublier de faire figurer les références précises des morceaux choisis.
3. Recherchez l'image qui, pour vous, exprime le mieux ce que le poème choisi vous inspire. Elle figurera sur la couverture de votre recueil.

2 Écriture

1. Au brouillon, dessinez la maquette de votre couverture. Aidez-vous du document 1.
2. Rédigez la biographie de l'auteur qui figurera sous sa photo, en quatrième de couverture (Doc. 2). Elle est brève (4-5 lignes) et écrite à la première personne, comme si Rimbaud se présentait lui-même.
3. Rédigez ensuite la double page intérieure (Doc. 3). Il s'agit de votre présentation personnelle du poème ou des morceaux choisis que vous avez sélectionnés pour votre oral.
4. Enfin, rédigez la présentation du recueil *Les cahiers de Douai*. Elle figurera sur la quatrième de couverture, comme si vous étiez l'éditeur de ce recueil.

3 Mise en forme

Saisissez votre travail de manière à constituer votre dossier. Il comportera quatre pages :

– page 1, la première de couverture que vous avez réalisée ;
– pages 2 et 3, le ou les morceaux que vous avez choisis ;
– page 4, la quatrième de couverture, avec votre présentation du recueil.

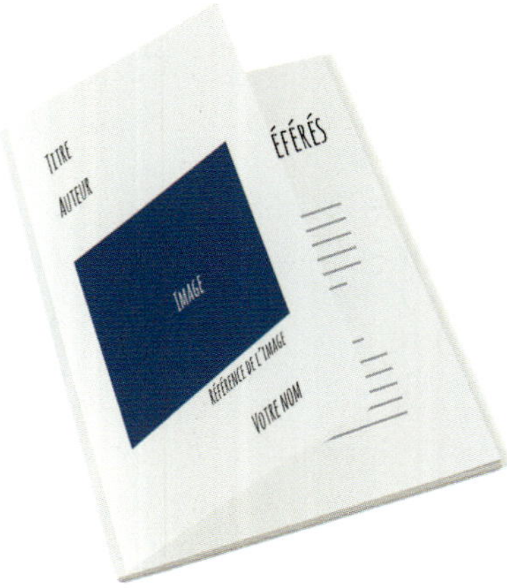

DOC.1 La première de couverture

Elle est la « vitrine » du recueil, la page qu'on expose en librairie : elle comporte le titre du livre, le nom de l'auteur, l'éditeur, une illustration qui offre un aperçu du contenu du recueil. Elle doit donner envie de prendre le livre et de le feuilleter.

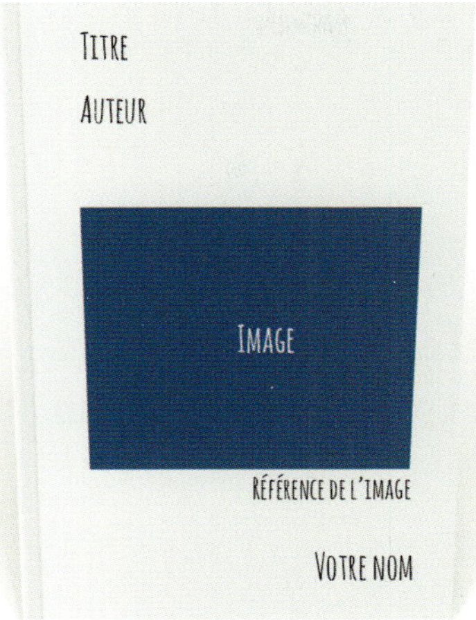

DOC.2 La quatrième de couverture

Elle est destinée au lecteur attiré par un livre. Située au dos du recueil, elle apporte des informations : photo de l'auteur, courte biographie. Dessous, une présentation du contenu des *Cahiers de Douai*.

DOC.3 La double page intérieure

La page de gauche : une présentation personnelle.
Surtout, ne cherchez pas un modèle sur Internet ! Écrivez un texte bref, véritablement personnel et sincère. Vous pouvez utiliser les expressions suivantes pour débuter : « J'ai choisi ce poème car... » ; « Cette strophe m'a ému(e) parce qu'elle... » ; « Ces quelques vers expriment pour moi... » Mieux, inventez une formule qui vous est propre, de manière à personnaliser votre présentation.

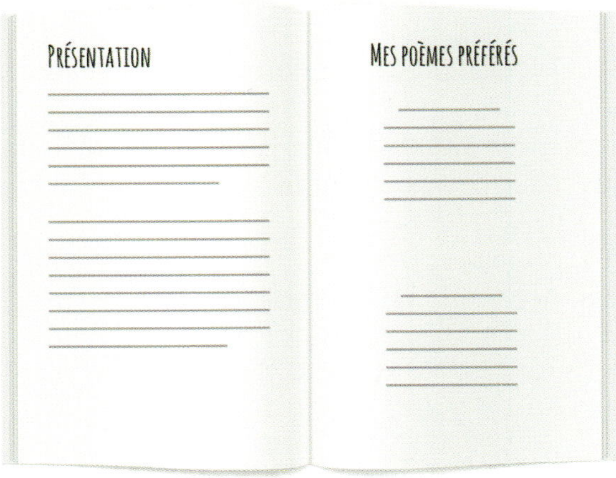

La page de droite : les textes que vous avez choisis.

Présenter à l'oral la couverture d'un recueil de poèmes

Pendant l'année, vous étudiez plusieurs œuvres. Vous pouvez avoir à présenter ces œuvres à l'oral avec les réalisations personnelles qui leur sont associées. Votre présentation peut être suivie d'un dialogue avec l'examinateur ou votre auditoire.

1 *Votre objectif*

Vous avez réalisé la couverture et un recueil. Vous ne serez pas noté sur la couverture elle-même, même si elle est très jolie. Mais elle vous aide à mener votre exposé, car elle forme un tout dont les éléments s'éclairent les uns les autres. Présenter la couverture d'un livre, c'est faire un lien entre l'image qu'elle envoie et le contenu qu'elle illustre. Elle sert ainsi de fil conducteur à votre exposé

2 *Votre exposé*

La couverture du recueil concerne les citations ou le poème choisis. Vous pouvez donc les exposer pas à pas pour expliquer vos choix.

• La première de couverture.

Commencez par le titre du recueil, et le choix de l'image de couverture.

• La quatrième de couverture.

Appuyez-vous sur la quatrième de couverture pour évoquer la vie du poète, et dire sous quelles formes on la retrouve dans le recueil.

• Les morceaux choisis.

Présentez pour finir le poème ou les extraits sélectionnés, en vous aidant de ce que vous avez écrit sur la quatrième de couverture.

3 *Vos réponses aux questions*

• Les questions.

Elles vous aident à corriger, à préciser les propos tenus durant votre exposé.

• Les qualités verbales.

La diction, le débit et l'intensité de la voix, le choix du vocabulaire et des tournures de phrases sont essentiels. Ne récitez pas ce que vous avez préparé. Si vous maîtrisez votre dossier, vous serez convaincant.

• Les qualités non verbales.

Soignez votre apparence vestimentaire, votre attitude, votre regard.

Exercice 1 ●●○

À tour de rôle, les élèves volontaires sortent de la salle de classe, puis y entrent, comme s'ils étaient un jour d'examen. Ils se présentent au professeur ou à leurs camarades qui jouent le rôle du jury et présentent leur sujet.

1. **Observez les attitudes et les réactions des élèves qui jouent le rôle du candidat. Notez au brouillon les qualités et les défauts que vous constatez.**
2. **Mettez en commun vos observations.**
3. **Dressez ensemble le portrait-robot du « bon candidat ».**

Exercice 2 ●○○

Face au public, vous pouvez choisir de rester assis ou de rester debout. Tout dépend des qualités et du caractère de chacun.

1. **Quelle position allez-vous adopter ? Pourquoi ?**
2. **Complétez le tableau suivant après l'avoir recopié.**

	Position assise	Position debout
Avantages		
Inconvénients		
Avis personnel		

Exercice 3 ●○○

Quels gestes montrent la disponibilité du candidat à travers ses attitudes ?

Les gestes, les attitudes participent au discours. Évitez les comportements qui pourraient donner l'impression que vous êtes replié sur vous-même. Soyez souriant, attentif, avec un regard mobile qui va de l'un à l'autre, montrant ainsi que vous vous adressez à chacun.

Exercice 4 ●●○

Un élève volontaire présente la couverture qu'il a réalisée, durant cinq minutes.

1. **Notez au brouillon toutes les remarques et questions que sa prestation vous inspire.**
2. **Mettez vos remarques en commun et faites le plan d'un exposé réussi. Chaque phase sera chronométrée.**

Exercice 5 ●●●

Un élève volontaire accepte de répondre aux questions posées sur son dossier.

1. **Notez vos remarques sur ses qualités verbales en vous aidant du tableau ci-dessous.**

Voix	Niveau de langage	Ton du discours
– élocution – volume – débit – intonation	– vocabulaire – tournures de phrases	– naturel – récité – décousu

2. **Observez attentivement l'attitude non verbale de votre camarade. Notez les remarques utiles à l'amélioration de sa prestation.**

L'attitude	La posture	Le regard	Les gestes
– tenue – concen-tration – sourire	– debout – assise – position des pieds et des mains	– expressif – présent	– maîtrisés – inconscients

Conseil : n'hésitez pas à vous filmer lorsque vous répétez si cela est possible, et à analyser ensemble votre prestation orale.

La passion du créateur est d'inventer, de proposer du neuf, c'est-à-dire une image, un film, un objet, un meuble, un vêtement que personne n'a encore jamais vu. Toute création suscite la curiosité, l'intérêt ou parfois le rejet.

Le processus de création

Quelle démarche de création suit celui qui imagine ?

Plonk et Replonk, *Sport et grands frissons : le championing*, collage.

« J'aime laisser venir les idées. Certaines repartent, d'autres restent, sous forme de brouillons, de dessins, d'installation. »

Géraldine Kosiak, artiste.

Michal Batory, *Créateurs-migrateurs*, 2008.

Dorothee Golz,
Steeple Hat Woman, 2005.

Pistes de réflexion

1 Quel document vous paraît le plus inventif ? Expliquez votre choix.

2 Le collage « Plonk et Replonk » et son titre associent l'invention de l'image à l'invention des mots. De quelle manière ?

3 On peut rapprocher l'image créée par Michal Batory de la citation de Géraldine Kosiak.
Pour quelle raison, selon vous ?

4 À quel procédé créatif l'artiste Dorothee Golz a-t-elle recours ?

Bernard Cadène

Peintre, né en 1942. Ses parents veulent faire de lui un comptable mais le jeune Bernard n'aime que la musique et le dessin. Il entre aux Beaux-Arts de Toulouse. Il crée une agence publicitaire puis une société de production audiovisuelle. L'amour de la peinture est le plus fort. À partir de 1995, il ne quitte plus son atelier. « Je travaille dans une recherche permanente du monde de la couleur », écrit-il.

Le travail de l'artiste

L'artiste exploite et développe sans relâche ses capacités d'imagination et d'invention. Ce pouvoir créateur s'exerce dans de multiples domaines : art culinaire, cinéma, arts plastiques, comme la sculpture et la peinture. C'est un travail au jour le jour.

Lundi 13 décembre

Après un footing sur les bords du canal Saint-Martory, je m'installe, le souffle court et les joues encore rouges, à ma table de dessin, devant un café. Je feuillette mes carnets de croquis ce qui, au passage, me permet de m'éventer discrètement. Des milliers de dessins au crayon, à l'encre, à la craie, que je complète en permanence. C'est ma richesse, mon potentiel « aérobie »[1], ma réserve de sucres lents.

Le croquis est à la peinture ce que l'entraînement de type fractionné est à la course à pied. Les amateurs du genre sauront de quoi je parle. Tout mon travail d'artiste part de là. Dans mes poches, en permanence, un crayon, un bloc de papier et mon couteau Laguiole, attachement sentimental à mes origines. Si le Laguiole ne sert à rien, ni pour dessiner ni pour peindre, (c'est d'autres couteaux dont il s'agit…), il est utile pour affûter les crayons. Capital pour dessiner sans encombre[2], c'est un conseil de Crayon Affûté !

À travers mes feuillets je tombe en arrêt, le souffle coupé, sur un croquis de femme que j'avais dessiné à la terrasse d'un café des Halles à Paris, en juin 1991.

Voilà le départ de ce tableau. Toutes mes toiles sont le fruit de mon imagination, le mélange de différentes situations, de formes entrelacées qui me tiennent en haleine… Palpitant, non ?

Bernard Cadène, *Au jour le jour*,
Tourisme Médias Éditions, 2005.

1. « Aérobie » : mot d'origine grecque formé sur air et vie. Les dessins sont l'oxygène du peintre.
2. Sans encombre : avec facilité.

Les croquis de Bernard Cadène qui précèdent le travail du peintre dans la réalisation de son tableau *Femme à la terrasse d'un café.*

Bernard Cadène, *Femme à la terrasse d'un café*, 2005.

Connaissances

Le vocabulaire artistique

Le graphisme : c'est la manière de peindre ou de dessiner, la finesse ou l'épaisseur du trait. On peut parler « d'effet graphique ».

Les supports amovibles : toile, papier, carton ou **inamovibles** : plafond, mur.

Les techniques : aquarelle, gouache, fusain, peinture à l'huile, acrylique, bombe (pour les tags). On peut parler « d'effet pictural », « d'effet matière ».

Synonymes de « dessin » : croquis, esquisse, étude.

Synonymes de « couleur » : teinte, nuance.

La composition : c'est l'agencement des masses et des lignes principales.

Questions

Découverte

- À la lecture du texte, avez-vous été plutôt amusé ? surpris ? intéressé ?
- Ce témoignage offre-t-il, selon vous, l'image d'un artiste peintre telle que vous vous le représentez ?

Analyse

1 Résumez l'emploi du temps d'une journée de Bernard Cadène.

2 Faites la liste de ce que le peintre emporte dans ses poches.

3 Bernard Cadène écrit : « le croquis est à la peinture ce que l'entraînement de type fractionné est à la course à pied ». Comment comprenez-vous ce rapprochement ?

4 Comparez les croquis au tableau final. Quelle est la part de réalité ? Quelle est la part d'imaginaire ?

Activités

Lexique

La polysémie. Un mot est polysémique lorsqu'il a plusieurs sens. Recherchez les différents sens du mot « couteau ».

Langue

Le réseau lexical. Relevez dans le texte tous les mots et expressions du réseau lexical de la course à pied. Pour quelle raison ce réseau est-il utilisé par Bernard Cadène ?

Recherche

Recherchez sur Internet la vidéo de trois minutes dans laquelle Bernard Cadène présente son atelier. Comment trouvez-vous l'atelier ? le peintre lui-même ? les amis du peintre ? Quelle phrase importante prononcée par le peintre retenez-vous pour vous-même ?

Vidéo
liennathan.fr/i8r4k6

Écriture

Présenter et décrire un tableau

Rédigez un paragraphe dans lequel vous présentez le tableau de Bernard Cadène : thème, auteur, dimensions. Décrivez-le en utilisant au moins cinq mots et expressions caractéristiques du vocabulaire artistique (voir rubrique « Connaissances »).

Lecture

Cyril Pedrosa

Né en 1972, originaire de Poitiers, Cyril Pedrosa étudie le dessin animé puis fait ses débuts aux studios d'animation français de Disney. Il se met rapidement à créer seul. En 2008, il reçoit le prix des Essentiels d'Angoulême et quelques années plus tard, un nouveau prix pour son album *L'Âge d'or*. C'est une fable politique et fantastique mettant en scène un personnage principal féminin.

L'atelier de création

Le terme « atelier » désigne à la fois un travail artisanal et la création artistique. L'atelier d'artiste symbolise particulièrement l'activité du peintre. C'est dans son atelier que Cyril Pedrosa a créé *L'Âge d'or*, son dernier album. C'est le récit de la princesse Tida, écartée du trône après la mort de son père. Et la fin d'un temps heureux.

« Quand on est auteur de bande dessinée, il y a vraiment un côté enluminures, c'est-à-dire un travail long et fastidieux... ».
Cyril Perdrosa, *L'Âge d'or* (volume 1), 2018.

Je crayonne rapidement ensuite j'encre puis je numérise le tout. C'est vraiment dans la couleur que tout se révèle : la narration, les plans, etc. Ce qui est particulier c'est que je dessine à l'encre avec une plume, un pinceau et que tous ces traits en noir et blanc disparaissent lors de la mise en couleur. Ils deviennent des traits en couleur apparaissant dans les pages un peu comme des motifs brodés avec des traits clairs, lumineux qui s'entrelacent.

On peut jouer aussi avec l'ornement des livres enluminés. Quand on est un auteur de bande dessinée, il y a vraiment un côté enluminures, c'est-à-dire un travail long, fastidieux, qui prend des jours et des jours pour raconter une histoire que le lecteur va peut-être lire en une heure. C'est un travail qui se fait très lentement. J'aime bien.

Ce qui est intéressant c'est de voir à l'échelle d'un tableau comment le peintre construit un récit et comment on peut utiliser cela en bande dessinée. Par exemple, dans le tableau du peintre Bruegel *La conversion de Saint-Paul* (XVIe), on voit

« On peut jouer avec l'ornement des livres enluminés ».
« La mort de Roland », miniature extraite du *Recueil sommaire des chroniques françaises*, vers 1460.

une armée qui franchit une montagne. Et moi, tout de suite, je me suis dit : « bien sûr qu'on peut partir de ce type de composition comme mise en scène pour raconter une histoire. On peut décider que le personnage qu'on suit – il est ici en bas – passe le col, nous parle et tandis qu'on le retrouve derrière la montagne, il continue de parler ». C'est vraiment intéressant de jouer avec ces codes-là. »

Cyril Pedrosa, film documentaire
« *Dans l'atelier de Cyril Pedrosa* », 2018.

« On voit une armée qui franchit une montagne. »
Brueghel l'Ancien, *La conversion de Saint-Paul*, 1567.

Cyril Pedrosa, *L'Âge d'or* (volume 1), 2018.

Connaissances

Le mythe de l'Âge d'or

Cyril Pedrosa a intitulé son récit *L'Âge d'or*. C'est celui où les hommes vivaient heureux dans le royaume avant la mort du roi.

Un mythe universel. L'Âge d'or est un moment de l'humanité où les hommes vivaient en harmonie au sein d'une nature abondante et généreuse.

Une source d'inspiration. Ce mythe est illustré en littérature et en peinture, au cours des siècles à travers des œuvres montrant l'accord parfait entre l'homme et la nature : XVIIe siècle, *L'Astrée* d'Honoré Durfé, XVIIIe siècle, *Paul et Virginie* de Bernardin de Saint-Pierre, XXe siècle, *Le chant du Monde* de Jean Giono.

Questions

Découverte

- Aimez-vous lire des bandes dessinées ? Expliquez votre réponse.
- Qu'est-ce qui vous impressionne le plus dans la démarche créative de Cyril Pedrosa ?

Analyse

1 Quelles sont les différentes étapes du travail de Cyril Pedrosa ?

2 Pourquoi peut-il se comparer à un spécialiste des enluminures du Moyen Âge ?

3 Cyril Pedrosa s'inspire du peintre flamand Brueghel. De quelle manière ?

4 Pourquoi peut-on dire que l'album de *L'Âge d'or* est lié à la fois au passé et au présent ?

Activités

Lexique

La famille de mots. À partir de « port », on peut former la famille suivante : portable, portatif, transporteur, exporter, emporter…

À partir de quel mot est formé « enluminure » ? Trouvez cinq mots de la même famille.

Recherche

Lisez la rubrique « Connaissances ». Faites une recherche sur Internet pour trouver deux peintres ayant illustré le thème de l'Âge d'or. Notez leur nom, le titre des tableaux et la date de création.

Écriture

Rédiger une présentation d'album de BD

Écrivez un paragraphe dans lequel vous présentez l'album de *L'Âge d'or*. Le paragraphe doit contenir le nom de l'auteur, la date de parution, le thème principal, les caractéristiques esthétiques de l'album. Votre texte se termine par votre appréciation personnelle.

Créer un collage

Objectif

Le collage associe des univers différents et crée un effet de surprise. C'est en respectant cette règle que vous réalisez un collage illustrant un poème.

1 Travail préparatoire

1. **La recherche du texte.** Relisez les poèmes des *Cahiers de Douai* d'Arthur Rimbaud (séquence 1). Choisissez un poème.
2. **Rassembler les images.** Observez le collage de Jacques Prévert (document 4) et lisez la définition du collage (document 1). Rassemblez un stock d'images en lien avec votre poème.
3. **Les règles du collage.** Prenez connaissance des règles du collage (document 2). Réfléchissez à l'effet que votre collage doit produire. Pour cela, aidez-vous du document 3.

2 La réalisation

En prenant comme modèle le collage de Jacques Prévert, sélectionnez trois images. Placez-les sur une feuille de papier. Vos choix d'images, la manière dont vous les disposez, doivent correspondre à l'intention que vous poursuivez.

Une fois la mise au point terminée, collez vos images sur votre feuille de papier. À la manière du document 5, notez les références de votre collage personnel.

DOC. 1 Qu'est-ce qu'un collage ?

Un collage est un procédé de création qui consiste à réaliser un assemblage d'images ou de parties d'images, à l'aide de ciseaux et de colle. Le but est de détourner les images de leur fonction initiale et de leur signification habituelle.

DOC. 2 Les règles du collage

Il s'agit d'assembler trois univers :
- une partie du corps ;
- un animal ;
- un personnage.

Il faut varier l'échelle des plans. Dans cet objectif, en choisir trois différents :
- un très gros plan (ex. : la paume de la main) ;
- un gros plan (ex. : le crocodile) ;
- un plan moyen (ex. : Arlequin vu de la tête aux pieds) ;
- un plan américain (personnage à mi-corps) ;
- un plan d'ensemble (décor et personnages).

DOC.3 Les intentions du collage

Faire rêver – contester – provoquer – transformer notre manière de voir – évoquer des souvenirs – émouvoir – faire rire – exprimer une critique politique ou sociale – surprendre – amuser.

DOC.4 Le collage de Jacques Prévert

Jacques Prévert, « Vie des caïmans : le cirque », 1963, musée Picasso, Antibes.

DOC.5 Les références du collage

L'auteur : Jacques Prévert.
Le thème et le titre : *Vie des caïmans, le cirque.* Le collage associe en très gros plan une paume de main, sur laquelle se détachent, à d'autres échelles, le crocodile « jongleur » et le personnage d'Arlequin.
La date de création : 1960.

Présenter un projet à l'oral

La présentation orale du chef d'œuvre en terminale est un exercice qui se prépare dès la seconde. Mais, de façon plus générale, vous pouvez avoir à présenter un dossier, une réalisation, une sortie à organiser ou un livre. Dans tous les cas, votre présentation doit être claire et structurée afin que votre auditoire vous comprenne facilement.

La présentation d'un projet à l'oral en trois étapes.

1 Présenter son projet

Pour que votre auditoire comprenne tout de suite ce dont vous allez parler, nommez le sujet de votre projet. Puis expliquez les raisons, les motivations et le contexte de ce projet.

2 Exposer son projet

Pour que votre exposé soit clair, préparez une ou deux fiches avec votre plan, les points principaux, la définition des termes à expliquer. C'est le fil conducteur de votre discours oral. Vous pouvez utiliser des appuis visuels (photos, schémas, graphiques).

3 Conclure sa présentation

Reprenez les points essentiels. Évoquez les difficultés rencontrées et ce que vous avez découvert au cours de votre travail. Préparez-vous à répondre aux questions.

Exercice 1 ●●○

Associez chaque mot de la liste suivante à trois synonymes.

Liste de mots
faire – ne pas faire – voir – donner – avoir – dire – beau – causer – changer – différent

Synonymes. *Repérer – négliger – se charger de – créer – remarquer – modifier – unique – procéder à – oublier – omettre – constater – essentiel – provoquer – adresser – comporter – améliorer – original – offrir – imaginer – transformer – personnel – raconter – engendrer – magnifique – livrer – contenir – merveilleux – occasionner – admirer – posséder – inoubliable – présenter.*

Exercice 2 ●●○

Lisez les trois débuts de présentation orale.
1. Quelle est le plus convaincant ?
2. Quels défauts constatez-vous dans les autres débuts ?
3. À votre tour, rédigez une phrase pour débuter votre oral.

a) Je vais vous présenter mon chef d'œuvre. Il m'a passionné et il va vous plaire aussi, j'en suis sûr.
b) Je m'appelle Mélanie. Je suis élève en terminale Bac Pro hôtellerie. Je vais vous présenter mon projet. Il s'agit de mon dossier sur le roman *L'Or* de Blaise Cendrars.
c) Euh… je vais vous parler de mon chef d'œuvre. C'est pas évident. Je n'ai pas vraiment choisi le sujet. Mais je vais essayer quand même.

Exercice 3 ●○○

Regroupez les remarques suivantes en trois ensembles portant sur :
– la construction de l'exposé ;
– le contenu de l'exposé ;
– la manière de présenter l'exposé.

1. Les exemples donnés sont bien choisis.
2. La vitesse d'élocution convient.
3. La quantité d'informations suffit.
4. La voix est audible.
5. Celui qui parle regarde son auditoire et non ses notes.
6. L'orateur utilise des supports visuels.
7. L'orateur conclut en reprenant les points principaux.
8. L'orateur provoque une baisse d'intérêt à cause d'un débit trop lent.
9. L'orateur a tendance à répéter les mêmes informations.
10. L'exposé manque de clarté.

Exercice 4 ●●●

À l'aide des documents, vous allez vous exercer à présenter oralement un projet artistique. Vous détaillez les éléments de la couverture (texte et image) : construction, disposition, typographie, couleurs, objets, signification. Vos observateurs sont chargés d'évaluer votre prestation en remplissant la grille de critères.

Document A

Christian Voltz est plasticien, illustrateur-jeunesse, réalisateur d'affiches, sculpteur, céramiste, auteur de film vidéo jeunesse, animateur d'ateliers enfants-parents créatifs.

Son atelier est rempli de clous, de vis, de bouts de ficelle, de bricoles, de jouets cassés, d'outils rouillés, d'objets récupérés auxquels il donne une nouvelle vie.

Document B

Couverture du livre *Comme chaque matin*, Christian Voltz, éditions du Rouergue, 1998.

La grille d'observation

	À améliorer	Bon
Logique et précision de l'exposé.		
Qualité de l'expression orale : prononciation, vocabulaire, maîtrise du langage.		
Prise en compte de l'auditoire : regard, sourire, réponses aux questions.		

Les catégories grammaticales

1 Les noms communs

- Les noms communs désignent tout ce qui existe.

Ce qui peut être appelé par un nom

- Les êtres vivants (*enfant, chat, fleur…*)
- Les objets et les choses (*ordinateur, écriture, vie…*)
- Les idées et les sentiments (*bonheur, confiance, amitié…*)
- Les couleurs (*bleu, jaune, orange…*)

→ *Le* ***nom propre*** *renvoie à une personne, un lieu, un objet uniques. Il prend donc une majuscule (Alex, Marseille, la République).*

2 Les déterminants

- Ils renseignent sur le genre et le nombre des noms.
- Le déterminant placé devant le nom, peut être masculin ou féminin, singulier ou pluriel. Accompagné d'un nom, le déterminant constitue un **groupe nominal** (*un arbre, une chaise, des tables*).

Les déterminants	
• **simples :** *le, la, les, un, une, des, de, de la, des* Ex. : *des* hommes (masculin pluriel). • **contractés :** *au, aux, du, des* Ex. : *du* pain (masculin singulier).	• **démonstratifs :** *ce, cet, cette, ces, ceci, cela…* Ex. : *cette* histoire (féminin singulier). • **possessifs :** *mon, tes, ses, les miens…* Ex. : *mes* amies (féminin pluriel).

3 Les pronoms personnels

- Ils désignent ou évoquent les personnes lorsque l'on parle.

Le pronom personnel sert à désigner

- La ou les personnes qui parlent : *je, nous, me, moi*
- La ou les personnes à qui l'on s'adresse : *tu, nous, vous, toi*
- Les personnes ou les objets dont on parle : *il, elle, lui, eux, leur*

4 Les adjectifs

- Ils qualifient le nom et renseignent sur ses caractéristiques.
- L'adjectif s'accorde en genre et en nombre avec le nom qu'il qualifie.

Exercice 1 ●○○

1. Indiquez quels sont les noms propres dans la liste suivante.
2. Classez les noms communs dans le tableau ci-dessous après l'avoir recopié.

Êtres vivants, produits de la nature	Objets	Idées, termes abstraits, noms de lieux, couleurs

Mot – stylo – carnet – journée – histoire – accident – liberté – opinion – chaton – gare du Nord – femme – invitation – goûter – jaunâtre – spirale – escalier – avenir – horizon – rouge – personnage – cerise – magicienne – harmonie – carte – Notre-Dame – persil – soleil – école – mathématiques.

Exercice 2 ●●○

1. Recopiez les groupes nominaux et indiquez entre parenthèses le genre et le nombre du nom qu'ils contiennent.
2. Quelle règle de grammaire faut-il appliquer lorsqu'on met un nom au pluriel ?

Une console – des brouillons – un personnage – l'ordinateur – ses grands-parents – le fantôme – de la mayonnaise – un athlète.

Exercice 3 ●●○

1. Recopiez les phrases suivantes en mettant le pronom personnel qui convient.
2. Soulignez le groupe nominal qu'ils remplacent.

a. Les récits de voyage sont passionnants, ………… permettent de s'évader et de rêver.

b. Tu as entendu son histoire ? ………… était vraiment bizarre !

c. Ismaël a téléphoné à son père pour ………… dire de venir le chercher.

d. Bonjour Monsieur. Comment allez-………… ?

Exercice 4 ●●○

1. Dans le dialogue suivant, repérez les pronoms personnels et indiquez à quel personnage ils renvoient.
2. Oralement, expliquez la scène. Quels pronoms personnels avez-vous utilisés ?

Exercice 5 ●●●

1. Recopiez les groupes nominaux suivants en soulignant l'adjectif qu'ils contiennent.
2. Accordez l'adjectif au féminin.

a. un meuble bas → une table ………………

b. un bel album → une ……………… histoire

c. le vieil homme → la ……………… femme

d. un vrai cauchemar → des histoires ………………

e. les codes secrets → les cachettes ………………

Exercice 6 ●○○

Indiquez à quelle catégorie grammaticale appartiennent les mots soulignés.

Vendredi 28 juin 2019

Ma chère Doobie,

Tout se passe très bien à la boutique. Comme tu le vois, je rentre en forme chaque soir de mon stage ! Tu sais qu'il me reste des collègues à découvrir. En fait, je n'ose pas trop leur parler. Ils me paraissent tellement vieux, parfois ! Surtout celui que je surnomme secrètement « Grincheux ». Jamais un sourire, jamais un « merci » ! Mais ma gentille tutrice, Véro, fait tout pour me rassurer et m'aider à surmonter ma timidité. Je t'en raconterai plus demain, j'entends qu'on m'appelle pour manger.

Journal en ligne de Sarah, diariste.fr, juin 2019.

Parler d'une image

Un dossier, ou un projet, peut contenir une image que vous pouvez avoir à commenter. Suivez les trois étapes suivantes.

1 Préciser la nature de l'image

Il existe plusieurs grands types d'images :
- le dessin : dessin d'art, dessin technique, dessin de bande dessinée ;
- la peinture : peinture figurative (représentant le monde réel), peinture abstraite ;
- la photographie : photographie documentaire, d'information, photographie d'art ;
- l'affiche : affiche de publicité, d'information, de propagande.

2 Expliquer son choix

Vous faites comprendre votre choix. Vous avez choisi l'image :

Parce qu'elle représente le réel : elle fournit des informations précises.	**Sa fonction est descriptive.**
Parce qu'elle raconte ou qu'elle suggère une histoire.	**Sa fonction est narrative.**
Parce qu'elle interpelle, fait réagir celui qui la regarde.	**Sa fonction est argumentative.**

3 Analyser la construction de l'image

Lignes de fuite : droites imaginaires créant la perspective et la profondeur.

Lignes de force et points forts : ils orientent le regard en créant des effets de contraste.

Dominique Charles Fouqueray, *Port de Saigon*, vers 1920.

Une image se décompose en plusieurs parties qui se répondent de part et d'autre d'axes verticaux, horizontaux ou obliques. Ainsi se créent des effets de symétrie ou d'opposition. Dans l'image ci-dessus, on peut, par exemple, opposer la partie de droite (les hommes) à la partie gauche (le paquebot, le débarquement).

Exercice 1 ●○○

1. Identifiez la nature de l'image.
2. Justifiez votre réponse par deux indices.

Photographie de Willy Ronis, *Ménilmontant (Devant chez Mestre)*, 1957.

Exercice 2 ●●○

1. Quelle est la nature de l'image ci-dessous ?
2. À quelle intention répond cette image ?

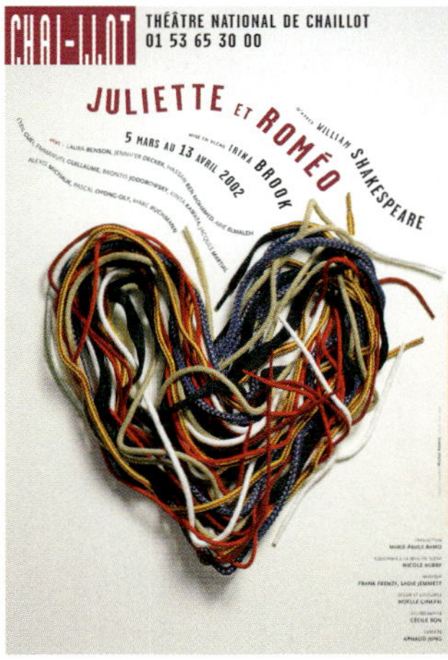

Affiche de la représentation de Roméo et Juliette au TNP, à Paris. Graphiste : Michal Batory.

Exercice 3 ●○○

Des lignes géométriques structurent cette image : lesquelles ? Quel est le point fort ? Comment est-il mis en valeur ?

Marc Riboud, Paris, 1953.

EXERCICE BILAN

Présentez oralement l'image ci-dessous en respectant la méthode (page de gauche). Vos observateurs sont chargés d'évaluer votre prestation en remplissant la grille de critères.

Nicolas de Crécy, *Bibendum céleste*, 1990, Éd. Les humanoïdes associés.

La grille à remplir par les observateurs

	Insuffisant	Bon
Clarté de la présentation. Respect des trois étapes.		
Qualité de l'expression : prononciation, vocabulaire adapté, maîtrise du langage.		
Prise en compte de l'auditoire : regard, sourire, réponses au jury.		

Le poète construit des mondes avec des mots, des sons ou des images. Lorsqu'il évoque ses tristesses, ses joies ou ses rêves, chacun peut reconnaître et partager les mêmes émotions.

L'invention poétique

Quelles découvertes l'invention poétique nous offre-t-elle ?

Ken Kiff, *Livre ouvert et tasse vide*, 1999.

« Il suffit de penser pour être homme d'esprit ; mais il faut imaginer pour être poète. »

François-Joachim de Bernis (18e siècle).

Ramon Casas y Carbo, *Après le bal*, 1889.

Niki de Saint Phalle, *Les trois Grâces*, sculpture, 1994.

Pistes de réflexion

1 Êtes-vous sensible à la poésie ? À travers la lecture ? La chanson ? En écrivez-vous vous-même ?

2 Quel est le point commun entre les deux illustrations de la page de gauche ?

3 Quel autre titre pourriez-vous donner à la création de Niki de Saint Phalle ?

4 Relisez la citation de François-Joachim de Bernis. En quoi s'applique-t-elle particulièrement au travail de Ken Kiff et à celui de Niki de Saint Phalle ?

Guillaume Apollinaire

De son vrai nom Wilhelm Apollinaris Kostrowitsky (1880-1918). Avec *Alcools*, recueil qu'il publie en 1913, Guillaume Apollinaire fait preuve de liberté, de fantaisie et d'audace. Sans renoncer tout à fait à la tradition, il renouvelle la manière de concevoir la poésie. Il abandonne la ponctuation et la rime classique et adopte le vers libre, créant une profusion d'images inédites. Picasso, Braque et Léger sont ses amis. D'origine polonaise, il se fait naturaliser français pour s'engager dans l'armée française et participer à la guerre. Gravement blessé en 1916, il est démobilisé et meurt en 1918.

L'architecture du poème

Avant d'être lu, un poème se reconnaît à sa disposition particulière dans la page. Certains groupements de vers obéissent à des règles déterminées : ce sont des poèmes à forme fixe. D'autres groupements de vers ont une forme libre.

Le pont Mirabeau

Sous le pont Mirabeau coule la Seine
Et nos amours
Faut-il qu'il m'en souvienne
La joie venait toujours après la peine

Vienne la nuit sonne l'heure
Les jours s'en vont je demeure

Les mains dans les mains restons face à face
Tandis que sous
Le pont de nos bras passe
Des éternels regards l'onde si lasse

Vienne la nuit sonne l'heure
Les jours s'en vont je demeure

L'amour s'en va comme cette eau courante
L'amour s'en va
Comme la vie est lente
Et comme l'Espérance est violente

Vienne la nuit et sonne l'heure
Les jours s'en vont je demeure

Passent les jours et passent les semaines
Ni temps passé
Ni les amours reviennent
Sous le pont Mirabeau coule la Seine

Vienne la nuit et sonne l'heure
Les jours s'en vont et je demeure

Guillaume Apollinaire, *Alcools*, Éd. Gallimard, 1913.

Paul Signac,
Le pont des Arts, 1912.

Sonnet

Mon âme a son secret, ma vie a son mystère,
Un amour éternel en un moment conçu :
Le mal est sans espoir, aussi j'ai dû le taire,
Et celle qui l'a fait n'en a jamais rien su.

Hélas ! J'aurai passé près d'elle inaperçu,
Toujours à ses côtés, et pourtant solitaire,
Et j'aurai jusqu'au bout fait mon temps sur la terre,
N'osant rien demander et n'ayant rien reçu.

Pour celle, quoique Dieu l'ait faite douce et tendre,
Elle suit son chemin, distraite et sans entendre
Ce murmure d'amour élevé sur ses pas.

À l'austère devoir, pieusement fidèle,
Elle dira, lisant ces vers tout remplis d'elle :
« Quelle est donc cette femme ? » et ne comprendra pas.

Félix Arvers, *Mes heures perdues*, 1830.

Connaissances

La versification

Les types de vers. Leur disposition dépend du nombre de syllabes.
Octosyllabe : vers de 8 syllabes.
Décasyllabe : vers de 10 syllabes.
Alexandrin : vers de 12 syllabes.

Les types de strophes. La strophe constitue un groupe de vers.
Distique : strophe de deux vers.
Tercet : strophe de trois vers.
Quatrain : strophe de quatre vers.
Quintil : strophe de cinq vers.

Les poèmes à forme fixe. La longueur des vers, la combinaison des rimes, la construction et le nombre de strophes sont codifiés.
Le rondeau : 12 à 15 vers en 3 strophes.
La ballade : 3 strophes de 8 à 10 syllabes et une demi-strophe.
Le sonnet : 2 quatrains et 2 tercets en vers à 12 ou 10 syllabes.

Questions

Découverte

- Observez les deux mises en page des poèmes. Quelle est celle qui vous semble la plus inventive ?
- Vers quel poème va votre préférence ?

Analyse

1 Quels thèmes les deux poèmes ont-ils en commun ?

2 À quoi Guillaume Apollinaire compare-t-il l'amour qui s'enfuit ? En quoi est-ce inexorable ?

3 Félix Arvers dans « Sonnet » exprime ses regrets de n'avoir pas su se faire entendre de la femme aimée. Relevez dans les vers 1 à 8 les mots marquant son désarroi.

4 Relisez la rubrique « Connaissances ». Le poème de Félix Arvers est un exemple de forme fixe. Laquelle ? Expliquez votre réponse.

Activités

Langue

Le subjonctif présent. Ce mode est utilisé pour traduire un ordre : « Il faut que tu partes », pour exprimer un souhait : « Pourvu *(sous-entendu)* que sa vie soit sauve ». Relevez les emplois du subjonctif présent dans le poème « Le pont Mirabeau ».

Lexique

Les expressions équivalentes. Dans le sonnet de Félix Arvers, remplacez les mots suivants par une expression de même sens : *taire* (vers 3), *inaperçu* (vers 5), *solitaire* (vers 6).

Écriture

Justifier un point de vue

Guillaume Apollinaire a su donner à son poème une grande fluidité. Dans un paragraphe, énoncez cette affirmation. Puis justifiez-la en vous appuyant sur des exemples et des explications portant sur le vocabulaire employé, le type de vers, le rythme et la mise en page du poème.

La musique du poème

« De la musique avant toute chose » a écrit Paul Verlaine. La poésie s'efforce en effet de créer une musique mettant en harmonie le sens et les sons des mots. Mieux que le langage ordinaire, elle traduit les sentiments, les sensations, les impressions fugitives et insaisissables.

Paul Verlaine

Paul Verlaine (1844-1896) a écrit ses premiers poèmes à dix-neuf ans. Il se lie avec d'autres poètes, comme Victor Hugo et Charles Baudelaire. Il publie en 1866 *Les Poèmes saturniens* et trois ans plus tard, *Les Fêtes galantes*. Puis il se marie et écrit *La Bonne Chanson*. Il rencontre alors Arthur Rimbaud, ils voyagent, écrivent, se disputent. Verlaine tire un jour sur Rimbaud et on le condamne à deux ans de prison.

En 1874, Verlaine compose *Romances sans paroles* et *Sagesse*. Malgré son succès, le poète sombre dans la misère. La poésie raffinée et musicale de Verlaine exprime toutes les nuances des sentiments.

Mon rêve familier

Je fais souvent ce rêve étrange et pénétrant
D'une femme inconnue, et que j'aime, et qui m'aime,
Et qui n'est, chaque fois, ni tout à fait la même
Ni tout à fait une autre, et m'aime et me comprend.

Car elle me comprend, et mon cœur, transparent
Pour elle seule, hélas ! Cesse d'être un problème
Pour elle seule, et les moiteurs de mon front blême,
Elle seule les sait rafraîchir, en pleurant.

Est-elle brune, blonde ou rousse ? – Je l'ignore.
Son nom ? Je me souviens qu'il est doux et sonore
Comme ceux des aimés que la Vie exila.

Son regard est pareil au regard des statues,
Et, pour sa voix, lointaine, et calme, et grave, elle a
L'inflexion des voix chères qui se sont tues.

Paul Verlaine, *Poèmes saturniens*, 1867.

Jean-Édouard Villard, *Deux ouvrières dans l'atelier de couture*, 1893.

Connaissances

Les effets sonores

La valeur des rimes. On appelle rime le retour en fin de vers d'un ou plusieurs sons identiques. Plus deux rimes ont de sons en commun, plus elles sont dites « riches ».
Ex. : *monotone* et *automne* ont 3 sons communs (*o* et *au*, *to* et *ne*).

Le schéma des rimes. Les rimes se disposent :
soit de façon suivie : AA/BB ;
soit de façon croisée : A/B/A/B ;
soit de façon embrassée : A/BB/A.

L'assonance. C'est la répétition d'un même son dans le vers. Ex. : « mon rêve attendri le poursuit » (son *i*).

L'allitération. C'est la répétition d'un même son contenant une consonne. Ex. « Pour qui sont ces serpents qui sifflent sur nos têtes? » (son *s*).
L'ensemble de ces répétitions crée une ambiance sonore, une harmonie en accord avec les sentiments exprimés par le poète.

C

J'ai traversé les ponts de Cé
C'est là que tout a commencé

Une chanson des temps passés
Parle d'un chevalier blessé

D'une rose sur la chaussée
Et d'un corsage délacé

Du château d'un duc insensé
Et des cygnes dans les fossés

De la prairie où vient danser
Une éternelle fiancée

Et j'ai bu comme un lait glacé
Le long lai[1] des gloires faussées

La Loire emporte mes pensées
Avec les voitures versées

Et les armes désamorcées
Et les armes mal effacées

Ô ma France ô ma délaissée
J'ai traversé les ponts de Cé

Louis Aragon, *Les Yeux d'Elsa*, Éd. Seghers, 1942.

1. **Lai** : poème du Moyen Âge.

Avec son régiment en déroute, alors que beaucoup de Français fuient vers le Sud, Louis Aragon traverse le 19 juin 1940 les ponts de Cé, petite commune près d'Angers. Il franchit la Loire : « C'est là que tout a commencé ».

Questions

Découverte

- Selon vous, quel poème illustre le mieux le titre de la double page : « La musique du poème » ?

Analyse

1 Dans son poème, Verlaine répète le verbe « aimer ». Relevez-en chaque emploi. Trois autres mots de la première strophe contiennent les mêmes sonorités. Quels sont ces mots ? Comment interprétez-vous cette insistance ?

2 Paul Verlaine rêve d'un amour fait de réciprocité et d'harmonie. Comment cette harmonie est-elle traduite à travers les sonorités du poème ?

3 Louis Aragon écrit son poème sur une seule rime et un son unique. Lequel ? Ce son est à la fois : la majuscule du titre, le nom du lieu, le début de toute histoire. Justifiez ces trois affirmations.

4 Louis Aragon oppose la gloire des temps passés où l'on se battait pour l'honneur à son présent tragique. Relevez les détails évoquant le désastre de juin 1940.

Activités

Lexique

Les homophones. Les homophones sont des mots qui se prononcent de la même façon et s'orthographient différemment. Ex. : *vert/verre*. Recherchez deux homophones dans le poème d'Aragon. Indiquez leur sens. De quels autres homophones pouvez-vous les rapprocher ?

Langue

Les formes de phrases. Trouvez dans le poème de Paul Verlaine une forme affirmative, une forme négative, une forme exclamative, une forme interrogative.

Écriture

Parler de l'ambiance sonore d'un poème

Relisez la rubrique « Connaissances ». Dans un court paragraphe, expliquez comment, dans le poème *Mon rêve familier*, les allitérations, les assonances et le système des rimes contribuent à créer une impression de tristesse et de douceur.

Lire un poème à voix haute

Objectif

Lors d'une épreuve orale, ou même pour le plaisir, devant un public, vous pouvez être amené à lire un poème à haute voix. Après avoir choisi l'un des trois poèmes de la page de droite, vous le lirez de façon expressive.

1 Travail préparatoire

1. **Le choix du poème.** Lisez les textes présentés page de droite. Sélectionnez celui qui vous plaît le plus.
2. **Les principes d'une lecture à voix haute.** Vous devez tenir compte de plusieurs règles.
   - L'articulation doit être claire. Évitez de « manger vos mots ».
   - Le débit doit être maîtrisé. Le débit est la vitesse de parole. Adaptez votre lecture en fonction de l'effet à produire : par exemple, la lenteur pour exprimer la gravité, la rapidité pour communiquer l'enthousiasme.
   - Le volume doit être adapté. Si vous lisez avec une voix trop basse, l'auditoire n'entendra pas. Si vous lisez avec une voix trop forte, cela peut gêner.
3. **La répétition.** Entraînez-vous. Vous pouvez vous enregistrer et vous réécouter en cochant les rubriques de la grille d'analyse que vous avez recopiée ou photocopiée. L'objectif est de parvenir à améliorer votre lecture. Répétez plusieurs fois en veillant au rythme de la voix et aux liaisons.

2 La réalisation

Lorsque vous êtes prêt(e), lisez votre poème debout face à votre auditoire.
Des observateurs évaluent votre prestation à l'aide de la grille d'analyse (Doc. 1).
Après la lecture, vous pouvez faire part de votre ressenti. Les observateurs suggèrent des remarques en vue d'une amélioration possible.

DOC.1 La grille d'analyse

L'articulation	☐ claire	☐ irrégulière	☐ confuse
Les liaisons entre les mots	☐ correcte	☐ à améliorer	
Le débit	☐ correct	☐ trop rapide	☐ trop lent
La lecture transmet une émotion	☐ oui	☐ non	
Le volume	☐ convenable	☐ trop faible	☐ trop fort
L'interprétation est personnelle	☐ oui	☐ non	

DOC.2 Poème 1

À un passant

Au soleil couchant
Toi qui vas cherchant
Fortune,
Prends garde de choir ;
La terre, le soir,
Est brune,
L'océan trompeur

Couvre de vapeur
La dune.
Vois, à l'horizon,
Aucune maison ;
Aucune !

Maint voleur te suit ;
La chose est, la nuit,
Commune.
Les dames des bois
Nous gardent parfois
Rancune.

Elles vont errer ;
Crains d'en rencontrer
Quelqu'une.
Les lutins de l'air
Vont danser au clair
De lune.

Victor Hugo, *Odes et Ballades*, 1828.

DOC.3 Poème 2

Une allée du Luxembourg

Elle a passé, la jeune fille
Vive et preste comme un oiseau :
À la main une fleur qui brille,
À la bouche un refrain nouveau.

C'est peut-être la seule au monde
Dont le cœur au mien répondrait,
Qui venant dans ma nuit profonde
D'un seul regard l'éclaircirait !

Mais non, – ma jeunesse est finie…
Adieu, doux rayon qui m'as lui, –
Parfum, jeune fille, harmonie…
Le bonheur passait, – il a fui !

Gérard de Nerval, *Odelettes*, 1841.

DOC.4 Poème 3

La courbe de tes yeux

La courbe de tes yeux fait le tour de mon cœur,
Un rond de danse et de douceur,
Auréole du temps, berceau nocturne et sûr,
Et si je ne sais plus tout ce que j'ai vécu
C'est que tes yeux ne m'ont pas toujours vu.

Feuilles de jour et mousse de rosée,
Roseaux du vent, sourires parfumés,
Ailes couvrant le monde de lumière,
Bateaux chargés du ciel et de la mer,
Chasseurs des bruits et sources des couleurs,

Parfums éclos d'une couvée d'aurores
Qui gît toujours sur la paille des astres,
Comme le jour dépend de l'innocence
Le monde entier dépend de tes yeux purs
Et tout mon sang coule dans leurs regards.

Paul Éluard,
Capitale de la douleur, Éd. Gallimard, 1923.

Audio
liennathan.fr/z9d19m

La comparaison et la métaphore

1 La comparaison

- Une comparaison rapproche deux réalités possédant au moins une caractéristique commune. Ce rapprochement se fait au moyen d'un mot-outil *(comme, pareil à, tel…)* ou d'un verbe de comparaison *(ressembler à, paraître…)*.

→ *Le soleil brille comme une pièce d'or.*

le comparé — *la caractéristique commune* — *le mot-outil* — *le comparant*

2 La métaphore

- Une métaphore rapproche deux réalités différentes de façon indirecte, implicite sans employer de mot-outil. Elle assimile les deux réalités. Cette assimilation peut créer un effet de surprise, d'étrangeté.

→ *L'or du soleil se répand sur la terre.*

le comparé — *le comparant*

3 La métaphore filée

- Une métaphore filée se poursuit sur plusieurs vers ou dans une phrase, avec quelques termes appartenant au même réseau lexical.

→ Donc, si vous me croyez, mignonne,
Tandis que votre âge *fleuronne*
En sa plus verte nouveauté,
Cueillez, cueillez votre jeunesse.

Pierre de Ronsard, *Odes*, 1550.

La métaphore filée de la fleur est employée pour parler de la jeunesse.

4 La personnification

- Une personnification attribue des caractéristiques humaines à une réalité non humaine (animal, objet, phénomène atmosphérique, idée…). Elle crée une impression particulière.

→ *Les arbres agitaient leurs grands bras nus.*

éléments de la nature — *devenus des êtres humains*

Exercice 1 ●○○

Dans les quatre phrases ci-dessous, repérez deux comparaisons et deux métaphores.

1. *Il la promenait, ainsi qu'un bagage, cette mélancolie.* (Saint-Exupéry)
2. *Les mille insectes de la pluie grignotent les carreaux.* (Jean Pellerin)
3. *Ils claquaient leurs becs semblables à des pièges à rats si une libellule passait à leur portée.* (Arthur Conan Doyle)
4. *Des troupeaux d'autobus mugissants roulent près de moi.* (Guillaume Apollinaire)

Exercice 2 ●●○

Jacques Prévert a construit son collage sur une comparaison. Formulez cette comparaison en utilisant un comparé, un comparant, un outil de comparaison, un ou plusieurs points communs.

Jacques Prévert, *L'Avion, collage*, 1957.

Exercice 3 ●●●

Ces vers contiennent tous une métaphore. Repérez le comparé, le comparant et le point commun.

1. *Nous brisons les serrures rouillées de l'injustice.* (Paul Éluard)
2. *Je ne sais pourquoi*
   Mon esprit amer
   D'une aile inquiète et folle vole vers la mer.
   (Paul Verlaine)
3. *J'aime de ces contrées*
   Les doux parfums brûlants.
   (Victor Hugo)

EXERCICE BILAN

1. Relevez les comparaisons et les métaphores du texte. Dites quels sont les réseaux lexicaux dominants.

2. Recopiez le paragraphe de commentaire en remplaçant le signe ▲ par les exemples et les explications qui conviennent.

Paradis du rêve

Je m'embarquerai si tu le veux,
Comme un gai marin quittant la grève,
Sur les flots dorés de tes cheveux
Pour un paradis fleuri du rêve.

Ta jupe en flottant au vent du soir
Gonflera ses plis comme des voiles,
Et quand sur la mer il fera noir,
Tes beaux yeux seront mes deux étoiles.

Ton rire éclatant de vermillon
Sera le fanal de la grande hune ;
J'aurai ton ruban pour pavillon,
Et ta blanche peau pour clair de lune.

Jean Richepin, *Mes Paradis*, Éd. Fasquelle et Grasset.

Commentaire

Dans le poème « Paradis du rêve », extrait du recueil ▲, Jean Richepin évoque le bonheur de vivre quand on est amoureux. Il décrit ▲ comme un voyage merveilleux grâce à des images poétiques. Le poème commence en effet par ▲ et se poursuit avec ▲. Ces images sont inhabituelles car ▲. Elles en ont plus de force pour exprimer ▲. Le réseau lexical de ▲ crée un univers joyeux dont la simplicité s'accorde à celle du langage poétique de Jean Richepin.

Exprimer son émotion

La volonté de partager son émotion se traduit à l'oral comme à l'écrit à travers les marques du discours. Par exemple, les pauses et les silences constituent à l'oral une forme de ponctuation. Ce sont des moyens efficaces pour retenir l'attention. Mais à l'oral, comme à l'écrit, c'est surtout le choix des mots qui permet de traduire les sentiments et les émotions.

L'expression de l'émotion

1 Utiliser les pronoms personnels « je, nous, tu… »

Pour que le destinataire mesure votre degré d'implication personnelle, employez le pronom de la première personne du singulier : *je, m', mon*. Et pour que le destinataire se sente concerné, employez la deuxième personne du pluriel : *vous, vos, votre*…

2 Choisir ses mots dans le vocabulaire de l'émotion

S'il s'agit d'une émotion positive, préférez des mots comme : *heureux*, *content*, *enchanté*, *ravi*, *touché*, *attendri*. S'il s'agit d'une émotion négative, sélectionnez des mots comme : *chagriné*, *triste*, *épouvanté*, *désolé*, *mécontent*, *déçu*, *découragé*.

3 Montrer l'intensité de l'émotion

Vous pouvez avoir recours à des procédés d'insistance comme la répétition, l'anaphore (répétition d'un mot en début de phrases, en début de paragraphe), l'exagération (hyperbole). La variation d'intonation à l'oral et les signes de ponctuation à l'écrit sont un moyen d'exprimer fortement sa surprise, sa joie, son indignation…

Exercice 1 ●○○

Relevez dans les extraits suivants les marques de présence de l'émetteur et du destinataire.

1. « *Oh ! mon cœur et mon âme,*
C'est toi ! l'ardent foyer d'où me vient toute flamme,
C'est toi ! Ne m'en veux pas de fuir, être adoré ! »

Victor Hugo, *Hernani*, 1830.

2. **Tract pour la journée sans voiture**

Le vendredi 27 mai

LAISSEZ VOS VOITURES AU PARKING !
PRENEZ VOS VELOS, VOS ROLLERS OU VOS PIEDS

Et venez nous rejoindre pour une journée
D'air pur et de liberté !!!

Rendez-vous place de la Bastille à 15h

Exercice 2 ●○○

Parmi les termes suivants, relevez ceux qui ne sont pas des indices de l'émotion.

aimer, doute, haïssable, orgueilleux, clarifier, formidable, étonnant, ravissant, réussite, inouï, rapidité, exaspération, exclamation, marquant, exécrable, respecter

Exercice 3 ●●○

Lisez le texte suivant. Expliquez ce que l'auteur cherche à faire partager.

« Mon vieux ! Je suis heureux ! Tout est admirable ! Et nous glissons à travers tout sur de souples et silencieuses machines. Je les aime, ces machines. Elles ne nous portent pas bêtement. Elles ne font que prolonger nos membres et qu'épanouir notre force. Le silence de leur marche ! Ce silence fidèle ! Ce silence qui respecte toute chose ».

Jules Romains, 1922.

Exercice 4 ●●○

Lisez cet extrait du courrier des lecteurs. Comment l'émettrice parvient-elle à émouvoir le destinataire ? Répondez en un paragraphe abordant les trois points de la méthode (schéma page de gauche) :
– l'emploi des pronoms personnels ;
– le choix du vocabulaire ;
– les marques de l'intensité de l'émotion.

« Quelles tristes fêtes !

Je suis terriblement bouleversée par les images du séisme qui a dévasté l'Asie du Sud-Est et qui a fait des milliers de victimes.

Comment se réjouir pendant ces fêtes ?

Comment faire semblant ?

Noël est un moment de partage, donnons pour que cette fête ait un goût un peu moins amer. ».

Une fidèle lectrice.

Exercice 5 ●●●

À l'aide des documents, vous allez vous entraîner à dire à quel point vous avez été ému(e) par cette affiche de cinéma (document A) en vous aidant des informations du document B.

Document A

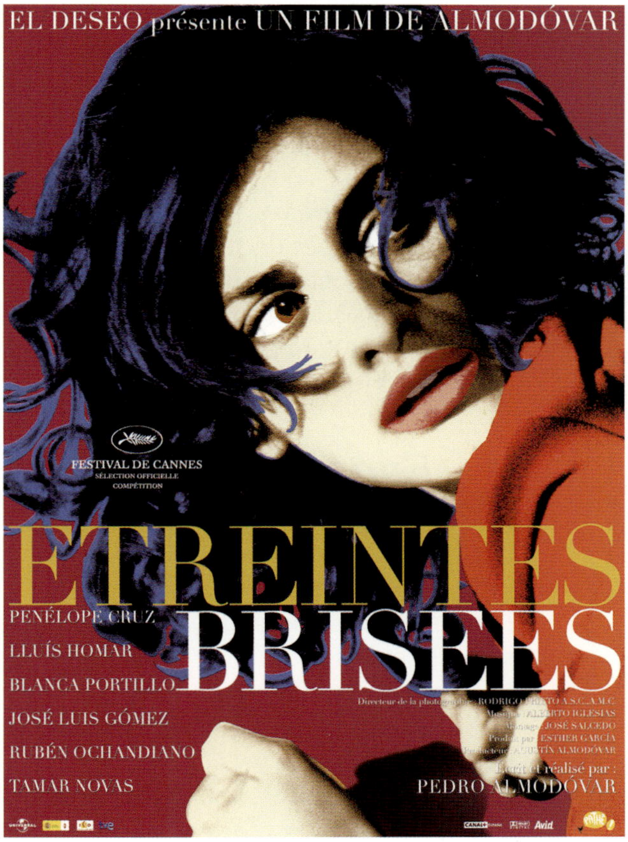

Document B

Nature de l'image : affiche de film.
Titre : *Étreintes brisées*.
Réalisateur : Pedro Almodovar, nationalité espagnole.
Date de sortie : 2009.
Actrice principale : Pénélope Cruz.
Couleurs image : rouge et noir.
Texte : orange/blanc.
Thème : visage féminin en gros plan, de trois quarts.

Commenter un poème

Commenter un poème, c'est s'attacher à évoquer son thème et sa construction. C'est aussi expliquer ce qui fait son rythme et sa musicalité. Pour le commenter, suivez les quatre étapes suivantes.

1 *Dégager le thème du poème*

Pour cela, repérez les principaux réseaux lexicaux, c'est-à-dire les mots appartenant au même domaine. Il peut s'agir de :

- l'expression des sentiments : le poète chante son amour, sa mélancolie, sa joie, sa tristesse ;
- l'émerveillement devant le monde : le poète médite sur la place de l'homme dans l'univers ;
- la dénonciation des injustices : le poète met son art au service de la vérité, de la justice.

2 *Expliquer l'architecture du poème*

La forme du poème. Montrez que vous savez différencier une forme fixe d'une forme libre. Nommez les types de strophes selon le nombre de vers.
La forme du poème peut obéir à des règles imposées : le poème peut avoir une forme fixe. Si ce n'est pas le cas, le poème a une forme libre : il n'y a ni strophe, ni rime, ni vers régulier.
Le sonnet. Le sonnet, poème de 14 vers, est la forme fixe la plus répandue : deux strophes de quatre vers (quatrains) suivies de deux strophes de trois vers (tercets).

3 *Évoquer la musique du poème*

Les types de vers. Identifiez les types de vers selon leur longueur et le rythme ainsi créé (lent, rapide, fluide, heurté…).
La musique du poème dépend, en effet, du type de vers. Le vers est l'ensemble des mots écrits sur une seule ligne.
L'alexandrin est un vers de 12 syllabes.
Le décasyllabe est un vers de 10 syllabes.
L'octosyllabe est un vers de 8 syllabes.
La qualité des rimes. Soulignez la qualité des rimes (pauvres, suffisantes, riches). Évoquez leur disposition (suivies, croisées, embrassées) et l'ambiance sonore qui s'en dégage.

4 *Insister sur les ressources du langage*

Repérez les principales images : les comparaisons et les métaphores. Expliquez comment ces rapprochements inattendus enrichissent l'imaginaire.

Exercice 1 ●○○

Quel est le thème commun aux deux poèmes ? Justifiez votre réponse en relevant des indices précis.

1. Morne l'après-midi des dimanches, l'hiver,
Dans l'assoupissement des villes de provinces,
Où quelque girouette inconsolable grince
Seule, au sommet des toits, comme un oiseau de fer.

Georges Rodenbach, *La Jeunesse blanche*, 1886.

2. Bientôt nous plongerons dans les froides ténèbres ;
Adieu, vive clarté de nos étés trop courts !
J'entends déjà tomber avec des chocs funèbres
Le bois retentissant sur le pavé des cours.

Charles Baudelaire, *Chant d'automne*, 1857.

Exercice 2 ●○○

Relevez le réseau lexical de la couleur dans les quatre vers suivants. Quel est l'univers poétique ainsi créé ?

La princesse, dans un palais de rose pure,
Sous les murmures, sous la mobile ombre dort,
Et de corail ébauche une parole obscure
Quand les oiseaux perdus mordent ses bagues d'or.

Paul Valéry, *Au bois dormant*, 1920.

Exercice 3 ●●○

Identifiez les rimes contenues dans les strophes suivantes. Quel est leur schéma ? Quelle est leur qualité ?

1. Je baisai ses fines chevilles.
Elle eut un doux rire brutal
Qui s'égrenait en claires trilles,
Un joli rire de cristal.

Arthur Rimbaud.

2. Je suis venu, calme, orphelin,
Riche de mes seuls yeux tranquilles,
Vers les hommes des grandes villes :
Ils ne m'ont pas trouvé malin.

Paul Verlaine.

Exercice 4 ●●●

1. Relevez les images contenues dans le poème suivant.
2. Distinguez les comparaisons et les métaphores.
3. Détaillez la construction de l'image du vers 1.

La Méditerranée

Quel soleil ! On dirait une cymbale ronde
Attendant le grand choc d'une cymbale sœur,
Dont le disque inconnu, soudain, envahisseur
Sonnera contre lui l'auguste[1] fin du monde !

Sous le ciel courbe où seul un astre a fait son nid
On a l'impression si sublime et si nette
Que la mer, suspendue au flanc[2] de la planète,
Brille et tremble à l'envers sur le gouffre infini.

Jean Cocteau, *La Dame de Sophocle*, 1912.

1. **Auguste** : qui inspire l'admiration.
2. **Au flanc** : sur le côté.

VERS L'EXAMEN

Présentez oralement le poème ci-dessous en respectant la méthode exposée page de gauche. Vos observateurs sont chargés d'évaluer votre prestation en remplissant la grille d'observation.

Document A

Méditation grisâtre

Sous le soleil pluvieux noyé de brumes sales
Devant l'océan blême, assis sur un îlot,
Seul, loin de tout, je songe au clapotis du flot,
Dans le concert hurlant des mourantes rafales.

Crinières échevelées ainsi que des cavales[1],
Les vagues se tordant arrivent au galop
Et croulent à mes pieds avec de longs sanglots
Qu'emporte la tourmente aux haleines brutales.

Partout le grand ciel gris, le brouillard et la mer,
Rien que l'affolement des vents balayant l'air ;
Plus d'heures, plus d'humains, et solitaire, morne,
Je reste là, perdu dans l'horizon lointain
Et songe que l'Espace est sans borne, sans borne,
Et que le Temps n'aura jamais… jamais de fin.

Jules Laforgue, *Premiers Poèmes*, 1887.

1. **Cavales** : juments.

Document B

La grille à remplir par les observateurs

	Insuffisant	Bon
Clarté de la présentation, respect des 4 étapes.		
Qualité de l'expression : prononciation, vocabulaire, langage adaptés.		
Prise en compte de l'auditoire : regard, sourire, réponses aux questions.		

L'Or, La merveilleuse histoire du général Johann August Suter, roman de Blaise Cendrars (1925)

Parcours de lecture

Comment la vie d'un personnage de roman peut-elle nous faire réfléchir sur notre existence ?

« J'ai le démon du voyage comme chacun a son démon. Simplement, c'est chouette de s'en aller, de tout planter là et de boire les pays comme les cocktails. »

Blaise Cendrars

Johann Suter décide de quitter son pays d'origine, la Suisse, pour tenter sa chance en Amérique, laissant derrière lui sa femme et ses quatre enfants. Sans argent, il part à l'aventure.

Johann August Suter avait à cette époque trente et un ans. Il était né le 15 février 1803, à Kandern, Grand-Duché de Bade. [...] Arrivé à Paris, il est de nouveau sans le sou. Il n'hésite pas. Il se rend directement chez un marchand de papier en gros du Marais, un des meilleurs clients de son père, et lui présente une fausse lettre de crédit[1]. Une demi-heure après avoir empoché la somme, il est dans la cour des Messageries du Nord[2]. Il roule sur Beauvais et de là, par Amiens, sur Abbeville. Le patron d'une barque de pêche veut bien l'embarquer et le mener au Havre. Trois jours après, le canon tonne, les cloches sonnent, toute la population du Havre est sur les quais : l'Espérance, pyroscaphe[3] à aubes et à voilures carrées, sort fièrement du port et double l'estacade[4]. Premier voyage, New York.

À bord, il y a Johann August Suter, banqueroutier[5], fuyard, rôdeur, vagabond, voleur, escroc.

Il a la tête haute et débouche une bouteille de vin.

C'est là qu'il disparaît dans les brouillards de la Manche par temps qui crachote et mer qui roule sec. Au pays, on n'entend plus parler de lui

1. **Lettre de crédit** : document attestant un engagement de paiement.
2. **Messageries du Nord** : compagnie des services postaux qui acheminait aussi des voyageurs.
3. **Pyroscaphe** : bateau à vapeur.
4. **Estacade** : barrage qui ferme l'entrée d'un port.
5. **Banqueroutier** : personne ruinée, qui a fait faillite.

et sa femme reste quatorze ans sans avoir de ses nouvelles. Et tout à coup son nom est prononcé avec étonnement dans le monde entier.

C'est ici que commence la merveilleuse histoire du général Johann August Sauter. C'est un dimanche.

Le port.

Le port de New York.

1834.

C'est là que débarquent tous les naufragés du vieux monde. Les naufragés, les malheureux, les mécontents. Les hommes libres, les insoumis. Ceux qui ont eu des revers de fortune[1] ; ceux qui ont tout risqué sur une seule carte ; ceux qu'une passion romantique a bouleversés. [...] Les émigrants débarquent jour et nuit, et dans chaque bateau, dans chaque cargaison humaine, il y au moins un représentant de la forte race des aventuriers.

Johann August Suter débarque le 7 juillet, un mardi.

Deux ans s'écoulent. Suter a beaucoup appris sur New-York et les États-Unis. Il décide de partir en expédition pour Saint-Louis, capitale du Missouri. Il fait le voyage en bateau, achète des terres et s'installe comme fermier.

Le pays est beau et fertile. Le maïs, le coton et le tabac y poussent et surtout, plus au nord, le blé. Tous ces produits descendent le fleuve [...].

Mais ce qui intéresse avant tout Suter dans ce trafic, c'est la parole vivante des voyageurs qui montent et descendent les rivières. Sa maison est ouverte à tous et sa table toujours mise. Une barque armée, montée d'esclaves noirs, arraisonne les bateaux[2] qui passent et les mène à l'estacade. L'accueil est tel que la maison ne désemplit pas ; aventuriers, colons, trappeurs[3] qui descendent chargés de butins ou misérables, tous également heureux de se refaire là et de se remettre des fatigues de la brousse et des prairies ; chercheurs de fortune, casse-cou, têtes brûlées qui remontent, la fièvre aux yeux, mystérieux, secrets.

Suter est infatigable, il les régale tous, passe des nuits à boire, interroge insatiablement son monde. [...]

Un jour, il a une illumination. Tous, tous les voyageurs qui ont défilé chez lui, les menteurs, les bavards, les vantards, les hâbleurs[4], et même les taciturnes, tous ont employé un mot immense qui donne toute sa grandeur à leurs récits. Ceux qui en disent trop comme ceux qui n'en disent pas assez, les fanfarons, les peureux, les chasseurs, les outlaws[5], les trafiquants, les colons, les trappeurs, tous, tous, tous, tous parlent de l'Ouest, ne parlent en somme que de l'Ouest.

L'Ouest.

Mot mystérieux.

Qu'est-ce que l'Ouest ?

Voici la notion qu'il en a.

De la vallée du Mississippi jusqu'au-delà des montagnes géantes, bien loin, bien loin, bien avant dans l'ouest, s'étendent des territoires immenses, des terres fertiles à l'infini, des steppes arides à l'infini. La prairie. La patrie des innombrables tribus peaux rouges et des grands troupeaux de bisons qui vont et viennent comme le flux de la mer.

Mais après, mais derrière ?

Il y a des récits d'Indiens qui parlent d'un pays enchanté, de villes d'or, de femmes qui n'ont qu'un sein. Même les trappeurs qui descendent du nord avec leur chargement de fourrures ont entendu parler sous leur haute latitude, de ces pays merveilleux de l'ouest, où, disent-ils, les fruits sont d'or et d'argent.

L'Ouest ? Qu'est-ce que c'est ? Qu'est-ce qu'il y a ? Pourquoi y a-t-il tant d'hommes qui s'y rendent et qui n'en reviennent jamais ?

Pistes de réflexion

1 Qu'apprend-t-on sur le héros du roman ? Expliquez dans quelles conditions il part pour l'Amérique.

2 Relevez les termes employés pour faire le portrait du héros.

1. **Revers de fortune** : la ruine matérielle.
2. **Arraisonne les bateaux** : contrôle les cargaisons des bateaux.
3. **Trappeurs** : chasseurs du nord des États-Unis et du Canada qui font commerce des fourrures.
4. **Hâbleurs** : personne qui aime exagérer et se vanter.
5. **Outlaws** : hors-la-loi (mot anglais).

Pistes de réflexion

3 Qu'est-ce qui attise d'abord la curiosité de Suter ? Expliquez la fascination du héros pour l'Ouest.

4 Quelles sont les caractéristiques de cet « Ouest » américain vers lequel tout le monde se dirige ? Relevez-les.

5 Quelle est la modalité dominante des phrases des deux dernières lignes ? Que montre-t-elle de l'état d'esprit de Suter ? Que laisse-t-elle présager sur la suite des événements ?

Pistes de réflexion

1 Quelles mésaventures le héros rencontre-t-il en chemin ? Que peut-on dire du rythme du récit dans le premier paragraphe ?

2 Comment Suter a-t-il évolué ? Dans quel état d'esprit se trouve-t-il désormais ?

3 Que représente la Californie pour lui ? Relevez l'ensemble des termes qui la désignent.

C'est décidé. Suter quitte sa situation confortable pour aller plus à l'Ouest. Il ne peut rester indéfiniment fermier et ce mot magique pour lui, « Ouest », le pousse à tout abandonner.

Johann August Suter est un homme d'action.

Il bazarde sa ferme et réalise tout son avoir. Il achète trois wagons couverts, les remplit de marchandises, monte à cheval armé du fusil à deux coups. Il s'adjoint à une compagnie de trente-cinq marchands qui se rendent à Santa Fé[1], à plus de 800 lieues[2]. Mais l'affaire était mal montée, l'organisation peu sérieuse et ses compagnons, des vauriens qui s'égaillèrent rapidement. Aussi bien Suter aurait tout perdu, car la saison était trop avancée, s'il ne s'était établi parmi les Indiens de ces territoires, aux extrêmes confins du monde civilisé, troquant et trafiquant.

Et c'est là, chez ces indiens, qu'il apprend l'existence d'un autre pays, s'étendant encore beaucoup plus loin à l'ouest, bien au-delà des montagnes Rocheuses, au- delà des vastes déserts de sable.

Enfin il en sait le nom.

La Californie[3]. [...]

Sa résolution est prise. Il ira en Californie.

Il connaît la piste jusqu'à Fort Van Couver, le dernier, et si certains renseignements qu'il a pu se procurer ne sont pas trompeurs, il saura continuer plus loin. La Californie n'attire encore l'attention ni de l'Europe ni des États-Unis. C'est un pays d'une richesse incroyable. La république de Mexico s'est appropriée les trésors accumulés durant des siècles dans les Missions. Il y a des terres, des prairies, des troupeaux innombrables qui sont à la merci d'un coup de main.

Il faut oser et réussir.

On peut s'en emparer.

Il est prêt.

1. **Santa Fé** : ville sous l'autorité du Mexique jusqu'en 1848. Elle est située au sud-ouest des États-Unis.
2. **800 lieues** : 3 800 km.
3. **La Californie** : province mexicaine jusqu'en 1848. Elle est ensuite cédée aux États-Unis qui en font un État.

« Des ponts sont jetés, des pistes tracées, des marais desséchés, des étangs creusés, un puits, des abreuvoirs, des canalisations d'eau. »

Domaine en Californie, gravure du 19e siècle.

Après un long et périlleux voyage en bateau, Suter débarque à San Francisco, sur la côte californienne. Il y achète des terres qu'il fait rapidement fructifier.

Suter s'occupe de tout, dirige tout, surveille l'exécution des travaux jusque dans leurs moindres détails, il est sur tous les chantiers à la fois et n'hésite pas à donner personnellement un coup de main quand un homme fait défaut dans telle ou telle équipe. Des ponts sont jetés, des pistes tracées, des marais desséchés, des étangs creusés, un puits, des abreuvoirs, des canalisations d'eau. Une première palissade protège déjà la ferme ; un fortin est prévu. Des émissaires parcourent les villages indiens, et 250 anciens protégés des Missions sont occupés dans les différents travaux avec leurs femmes et leurs enfants. Tous les trois mois arrivent de nouveaux convois de Canaques et les terres cultivées s'étendent à perte de vue. Une trentaine de blancs établis dans le pays sont venus se mettre à son service. Ce sont des mormons. Suter les paie trois piastres par jour.

Et la prospérité ne tarde pas.

En cinq ans, Suter est devenu immensément riche. Il possède le plus grand domaine de tous les États-Unis d'Amérique.

Dans le nord de ses domaines, sur les bords de la rivière de la Plume, il s'est fait construire une sorte de gentilhommière[1]. C'est sa retraite. L'Ermitage. Des touffes de grands arbres ombragent sa maison. Autour, il y a des jardins, des champs d'œillets, des champs d'héliotropes. Ses plus beaux fruits poussent là, cerises, abricots, pêches, coings. Dans les prairies sont ses plus belles bêtes de race.

Tous ses pas le mènent maintenant sur les coteaux. Toutes ses promenades sont pour ses vignes, Hochheimer, Chambertin, Château-Chinon. À l'ombre d'une treille d'Italie et caressant son chien préféré, il songe à faire venir sa famille d'Europe, à indemniser richement ses créanciers, à sa réhabilitation, à l'honneur de son nom et comment doter sa lointaine petite patrie…

Douce rêverie.

« Mes trois fils vont venir, ils auront du travail, ce seront des hommes. Et ma fille, comment est-elle ? Tiens, je vais commander un grand piano chez Pleyel à Paris. Il viendra par la piste que j'ai suivie autrefois et s'il le faut à dos d'hommes… Maria… Tous mes compagnons… »

Rêverie.

Sa pipe s'est éteinte. Ses yeux sont perdus au loin. Les premières étoiles s'allument. Son chien ne bouge pas.

Rêverie. Calme. Repos.

C'est la paix.

1. **Gentilhommière** : belle maison de campagne.

Pistes de réflexion

1 Relevez les termes qui illustrent la nouvelle situation de Suter.

2 Dans quel état d'esprit se trouve-t-il désormais ? Relevez les expressions qui l'illustrent.

3 Que peut-on dire du rythme du récit à la fin du passage ? Quelles impressions s'en dégagent ?

Lecture

Pistes de réflexion

1. Pourquoi peut-on dire que la situation de Suter bascule dans ce passage ?
2. Comment expliquez-vous son attitude ? Qu'auriez-vous fait à sa place ?
3. Que modifie la découverte de l'or dans les relations entre les hommes ?

Vers le milieu du mois de janvier 1848, un charpentier qui travaillait dans la construction des moulins de Suter découvre une pépite d'or en donnant un coup de pioche.

Johann August Suter, je ne dirai pas le premier milliardaire américain, mais le premier multimillionnaire des États-Unis, est ruiné par ce coup de pioche.

Il a quarante-cinq ans.

Et après avoir tout bravé, tout risqué, tout osé et s'être fait « une vie », il est ruiné par la découverte des mines d'or sur ses terres.

Les plus riches mines du monde.

Les plus grosses pépites.

C'est le filon. (...)

Johann August Suter s'est retiré dans son Ermitage.

Il a ramené ce qu'il a pu de ses troupeaux. Malgré les événements, la première récolte lui rapporte encore 40 000 boisseaux[1]. Ses vignobles, ses vergers semblent bénis. Il pourrait encore exploiter tout cela, car il y a dans la contrée disette de vivres, l'importation ne va pas de pair avec l'immigration folle, et la nuée des chercheurs d'or est plus d'une fois menacée de famine.

Mais Suter n'a plus le cœur à l'ouvrage.

Il laisse tout tomber.

Ses employés les plus fidèles, ses hommes de confiance l'ont abandonné. Il a beau les payer très cher, on gagne encore plus aux mines. Il n'y a plus de bras pour les cultures. Il n'y a pas un seul berger.

Il pourrait encore refaire fortune, spéculer, profiter de la hausse vertigineuse des denrées alimentaires ; mais à quoi bon ? Il voit maintenant tomber ses réserves de grains et bientôt la fin de ses provisions.

D'autres feront fortune.

Il laisse faire.

Il ne fait rien.

Il ne fait rien.

Il assiste impassible à la prise en possession et au partage de ses terres. On établit des titres de propriétés. Un nouveau cadastre s'enregistre. Les derniers arrivants sont accompagnés d'homme de loi.[2]

1. **Boisseau** : unité de mesure américaine utilisée pour la vente de céréales.
2. La **Californie** devient un État des États-Unis en 1950.

Chercheurs d'or dans une rivière en Californie. Utilisation d'une rampe de lavage (un canal dans lequel s'écoulent les alluvions : l'or est piégé par des toiles, le sable est évacué). Gravure du 19e siècle.

Photo de chercheurs d'or pendant la ruée vers l'or en Californie, vers 1869.

Rejoint par ses enfants, Suter tente de récupérer sa fortune. Il se rend à Washington, la capitale des États-Unis, où il intente un procès contre ceux qui l'ont spolié. C'est l'échec.

Lui, l'homme d'action par excellence, lui qui n'a jamais hésité, hésite maintenant. Il devient renfermé, méfiant, sournois, avare. Il est plein de scrupules. La découverte des mines d'or l'a blanchi, barbe et cheveux ; aujourd'hui, l'inquiétude secrète qui le ronge courbe et ploie sa grande taille de chef. Il va vêtu d'une longue robe de laine et porte un petit bonnet en peau de lapin. Sa parole devient trébuchante. Ses yeux fuyants, il ne dort pas. […]

Johann August Suter est accablé. Sa vie, sa misère, ses privations, son énergie, sa volonté, son endurance, son travail, sa persévérance, ses espoirs, tout a été inutile. Ses livres, ses papiers, ses instruments, ses armes, ses outils, ses peaux d'ours et de pumas, ses fourrures, ses défenses de morses, ses fanons de baleine, ses oiseaux empaillés, ses collections de papillons, ses panoplies indiennes, ses échantillons d'ambre gris, d'ambre véritable, de sable aurifère[1], de pierres précieuses, de minerais de toutes sortes forment un tas de cendres chaudes.

Tout ce qu'il a de plus cher, tout ce qui représente la vie et l'orgueil d'un homme s'est envolé, cendres et fumée. […]

Lui qui pensait devenir l'homme le plus riche du monde !

Il pleure longuement sur lui-même. Il est brisé.

Et tout à coup il pense à ses enfants.

Où sont-ils ? Que sont-ils devenus ?

Alors il erre dans la contrée, va de ferme en ferme, de village en village. Partout on ricane, on se moque de lui, on le nargue. Des gens l'insultent. Les enfants lui jettent des pierres.

Suter fait le gros dos, ne dit rien, encaisse tout, avanies[2] et méchancetés.

Il se sent énormément coupable.

Il bredouille une prière : « Notre père qui êtes aux cieux… »

Il tombe en enfance.

C'est un pauvre vieux.

[…] Johann August Suter est mort à soixante-treize ans. Le congrès ne s'est jamais prononcé.

Ses descendants ne sont jamais intervenus, ont abandonné l'affaire.

Sa succession reste ouverte.

Aujourd'hui, 1925, et pour quelques années seulement, on peut encore intervenir, agir, revendiquer.

Qui veut de l'or ? Qui veut de l'or ?

Blaise Cendrars, *L'Or*, Éd. Denoël, 1925.

Pistes de réflexion

1 Quel portrait pouvez-vous faire de Suter à la fin de sa vie ?

2 Pourquoi peut-on dire que sa mort est tragique ?

3 Comment interprétez-vous les dernières phrases du roman : « Qui veut de l'or ? »

1. **Aurifère** : qui contient de l'or.
2. **Avanie** : traitement humiliant, affront public.

Étudier le roman

1 L'itinéraire géographique du personnage

Suter effectue un véritable périple. Repérez sur la carte les lieux cités dans le récit. Notez dans votre carnet de lecteur, pour les sept étapes du voyage, une citation tirée du récit.

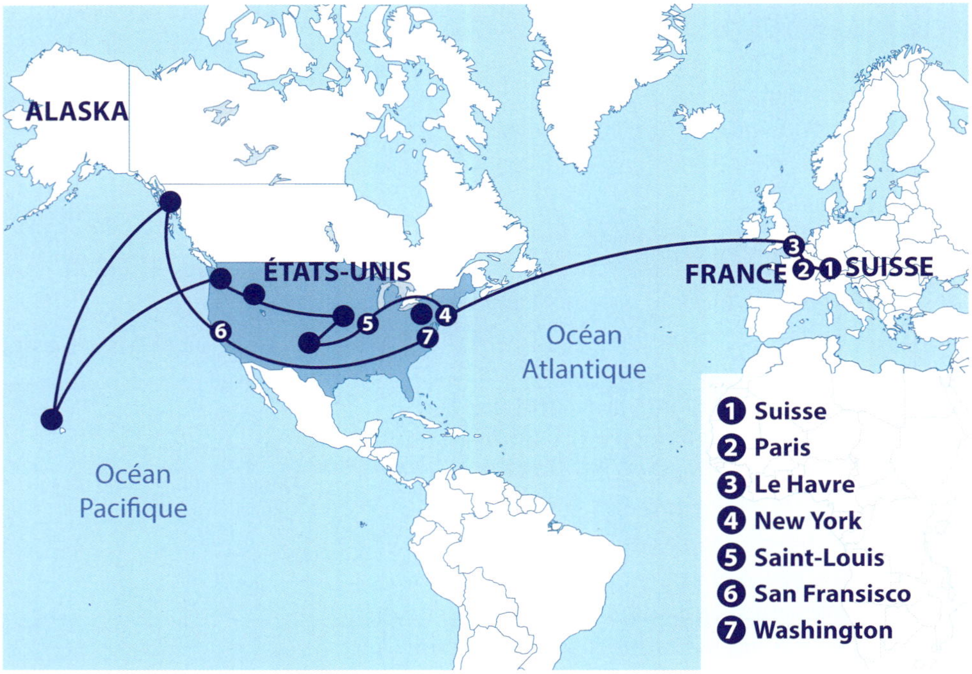

2 L'itinéraire psychologique

L'Or raconte l'évolution psychologique de Suter.

1. Recherchez dans les extraits étudiés les passages qui informent le lecteur sur la psychologie du héros.
2. Quelle évolution le caractère du héros connaît-il ? Comparez le début à la fin du récit.
3. Quelle leçon nous donne Blaise Cendrars, à travers le parcours de Suter ? Tirez la morale du roman.
4. En vous aidant de l'encadré « Méthode », récapitulez vos recherches sous la forme d'une fiche.

Méthode

Réaliser une fiche sur la psychologie d'un personnage

- Présentez le caractère du héros au début du récit : qualités, défauts, motivations.
- Retracez son parcours et les événements qui le font changer.
- Expliquez quels rapports il entretient avec les autres.
- Comparez le portrait final du héros avec celui du début.
- Rédigez une conclusion personnelle sur le héros et son évolution.

3 L'époque évoquée par le récit

1. **En vous aidant de la rubrique « Connaissances », expliquez ce que les personnages de la ruée vers l'or recherchent vraiment. Comment expliquez-vous leur extrême diversité ?**
2. **Relisez le passage dans lequel le roman de Cendrars évoque la découverte de l'or. Dans quelle mesure le romancier s'est-il inspiré de la réalité ? Selon vous, pourquoi ?**

Chercheurs d'or en route vers la Californie à bord d'un bateau à voile qui remonte la côte du Pacifique. Illustration du 19e siècle.

Connaissances

La ruée vers l'or

Le 24 janvier 1848, un ouvrier travaillant dans une scierie appartenant à Johann August Sutter découvre une pépite d'or. C'est le début d'une incroyable histoire retenue depuis sous le nom de « la ruée vers l'or ». La nouvelle se répand rapidement dans tous les États-Unis et même au-delà, attirant des milliers d'aventuriers qui tous, rêvent de faire fortune. La plupart n'y trouveront que la maladie, la misère et la faim. Mais ces pionniers voient dans l'or une chance unique de fuir leur condition.

4 Le travail d'écriture de l'écrivain

Pour écrire son roman, Blaise Cendrars s'est inspiré de l'histoire vraie du général Sutter. Mais son héros reste bien un personnage romanesque. Il le souligne à travers son sous-titre : « La merveilleuse histoire du général Johann August Suter ». Il modifie ainsi volontairement l'orthographe du nom de son héros.

1. **Recherchez sur Internet la biographie de Johann August Sutter. Notez dans votre carnet de lecteur les événements principaux de son existence.**
2. **Lisez la définition du roman selon Blaise Cendrars. Pour lui, à quoi l'écriture d'un roman sert-elle ? Quel est le rôle du personnage ? Pourquoi est-il important de retracer ses aventures ?**

Connaissances

Cendrars définit le roman

Le roman permet de raconter « la vie d'un homme, ses contradictions, sa grandeur, ses faiblesses, son échec, ses luttes, les influences contraires de sa destinée, les conjugaisons du hasard ou de la fatalité, ses amours, ses itinéraires et ses aventures, son triomphe, ses maladies, ses exploits, les mille écarts de sa conduite, sa solitude, son audace, ses hésitations, ses heurs et malheurs, tristesses et joies, en un mot, sa passion. » Quant au personnage, il contient « un potentiel humain qui intéresse les hommes de tous les pays ». Blaise Cendrars, préface à *Jones Paul Jones ou l'ambition*.

Enquêter sur la vie de Blaise Cendrars

1 La jeunesse de Cendrars

1. **Cherchez sur Internet des informations sur l'écrivain. Complétez le schéma suivant au brouillon en lui ajoutant les informations trouvées.**

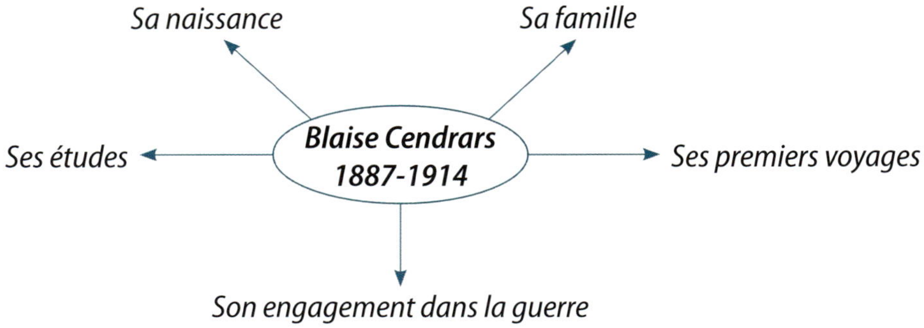

2. **Mettez votre travail en forme dans votre carnet de lecteur. Ajoutez trois images pour illustrer les aspects de la vie de l'écrivain qui vous semblent intéressants.**

2 Le combattant des tranchées pendant la guerre de 1914-1918

1. **Faites une recherche sur l'engagement et le parcours de Blaise Cendrars dans la première guerre mondiale. Prenez des notes sur ce qui vous semble remarquable.**
2. **Expliquez pourquoi Blaise Cendrars a intitulé l'un de ses récits autobiographiques *La Main coupée*.**

Le journaliste André Billy, contemporain de Cendrars, dresse son portrait dans les années 1930.

Cendrars me dit qu'il arrive de Rio de Janeiro, qu'il part demain pour Londres ; qu'il vient d'acheter une auto pour faire le tour de l'Europe. Sa tenue est toujours celle d'un voyageur : chemise de sport, cravate nouée à la diable autour d'un cou qu'on devine fait pour le libre débraillé de la vie au grand air, pardessus jeté sur les épaules et chapeau d'étoffe assujetti d'un coup de poing sur une tête plantée de cheveux raides et incolores dont le vent du large semble avoir déjà emporté quelques-uns. Sous le pardessus une des manches du veston pend, flasque : Cendrars qui a fait la guerre dans la légion y a perdu le bras que cette manche devait contenir.

André Billy, article paru dans *La Femme de France*, 26 janvier 1930.

3 L'écrivain voyageur

Surnommé « le bourlingueur », Blaise Cendrars exprime, très jeune, le désir de partir. Devenu journaliste et écrivain, il se définit lui-même comme « l'homme le plus libre du monde ». Toute sa vie, il voyage dans le monde entier, en véritable aventurier.

Aujourd'hui, un guide de voyages renommé rend hommage au bourlingueur qui fait encore rêver les « routards » du monde entier.

1. **Lisez le dossier consacré à l'écrivain voyageur (https://www.routard.com/contenu-dossier/cid137751-blaise-cendrars.html).**
2. **Notez dans votre carnet de lecteur trois extraits de poèmes consacrés au voyage. Illustrez-les au moyen d'une image légendée.**
3. **Lisez l'extrait suivant. Quel est le message du poète ? Expliquez quels points communs Cendrars partage avec Suter.**

Site web
liennathan.fr/b5l16u

Quand tu aimes il faut partir
Quitte ta femme quitte ton enfant
Quitte ton ami quitte ton amie
Quitte ton amante quitte ton amant
Quand tu aimes il faut partir

Blaise Cendrars, « Tu es plus belle que le ciel et la mer »,
Feuille de route, Éd. Denoël, 1924.

Photographie de Blaise Cendrars à Villefranche-sur-Mer, 1948.

Affiche de 2018 pour promouvoir des ateliers d'écriture à partir de l'œuvre de Blaise Cendrars au Centre Pompidou à Paris.

Créer une fiche « coup de cœur » sur un roman

Objectif

Pour exprimer les impressions ressenties lors de la lecture du roman, vous allez réaliser un dossier sur *L'Or,* de Blaise Cendrars.

1 Travail préparatoire

1. Relisez le parcours de lecture sur *L'Or* et choisissez le passage (entre 5 et 15 lignes) que vous préférez. Justifiez votre choix en quelques phrases.
2. Recherchez ensuite sur Internet une image illustrant le passage que vous avez choisi. Rédigez une légende pour votre image.
3. Relevez trois ou quatre citations évoquant le parcours de l'auteur, sa vie, ses amitiés, son travail, etc. Essayez d'être original dans vos choix.

2 Écriture de la fiche « coup de cœur »

Pour présenter une œuvre, il faut d'abord bien la comprendre et trouver les éléments qui pourront intéresser. Pour cela, vous allez réaliser une fiche « coup de cœur » destinée à donner envie de découvrir *L'Or* de Cendrars.

Elle devra contenir :

– Une brève carte d'identité du roman : titre, auteur, date de parution.

– Une présentation du héros.

– Surtout, votre avis personnel rédigé sur vos impressions de lecture (10 à 15 lignes) :
  - Qu'avez-vous pensé de cette histoire ?
  - Quels sentiments vous inspire le héros ?
  - En quoi la lecture de ce roman fait-elle réfléchir ?

– Invitez en conclusion le lecteur de votre fiche à lire ce roman.

DOC.1 Le vocabulaire d'une fiche « coup de cœur »

– **Adjectifs :** formidable, captivant, émouvant, dramatique, tragique, attendrissant, touchant, mystérieux, énigmatique, obscur, impénétrable, étrange.
– **Verbes :** découvrir, se passionner pour, rêver, vagabonder, voyager, s'interroger, interpeller, inviter, méditer, inventer, concevoir.

DOC.2 Exemples de phrases d'accroche

« J'ai été surpris, touché, ému par… »
« Laissez-vous embarquer, transporter par… »
« Entrons ensemble dans l'histoire, le récit, l'aventure, les péripéties de… »
« Si vous aimez rêver, vagabonder, bourlinguer, vous adorerez lire… »

DOC.3 Le vocabulaire du cadre romanesque

personnage	amis
intrigue	personnages secondaires
héros	évolution
paysages	psychologie
aventures	portrait
rebondissement	description,
péripéties	étapes du récit
circonstances	narration

DOC.4 La présentation de votre fiche

Présenter le dossier d'un roman à l'oral

1 *Votre objectif*

Ce qu'il faut présenter.
Au cours de l'année, vous pouvez être amené à présenter et défendre un roman à l'oral. Lors de cet exercice, vous pouvez vous appuyer sur le dossier que vous avez réalisé. Savoir parler d'une œuvre romanesque, c'est établir des liens entre les différents éléments que vous avez choisi de présenter dans votre dossier.

Ce qu'il faut réussir.
Vous devez pour cela expliquer les enjeux essentiels de l'œuvre, vos impressions de lecture, votre avis personnel sur le roman, son héros, l'histoire racontée… Le dossier vous sert de support pour transmettre vos connaissances.

2 *Votre exposé (10 minutes)*

Le dossier réalisé comprend trois ou quatre éléments. Vous devez créer un fil conducteur entre eux lors de votre exposé.

- **La présentation du roman.** Évoquez le romancier, les personnages, le décor, l'itinéraire du héros.
- **Les passages choisis.** Lisez et justifiez les passages que vous avez choisis, en insistant sur leur originalité, les impressions qu'ils vous ont procurées.
- **Pourquoi le roman vous a plu.** Évoquez les sentiments que vous inspire le héros. Expliquez ensuite vos réflexions après la lecture. Terminez par deux arguments qui disent pourquoi il faut lire le roman.

3 *Vos réponses aux questions (5 minutes)*

• **Répondre aux questions.**
Celles-ci vous permettent d'apporter des précisions, d'éclaircir un élément de votre exposé, de corriger votre propos.

• **Apporter du dynamisme à l'échange.**
Le ton, la diction et le débit de la voix sont essentiels. Soignez votre vocabulaire et votre expression et montrez-vous actif dans le dialogue.

Exercice 1 ●○○

Pour vous entraîner à lire un passage que vous avez choisi, lisez-le à voix haute à la classe. Les autres élèves prennent des notes sur :

- l'articulation ;
- le débit ;
- le respect de la ponctuation et de l'intonation ;
- la lecture expressive.

Exercice 2 ●●○

En binôme, en classe ou à la maison, filmez votre entraînement oral avec votre téléphone portable.

1. Regardez la vidéo et repérez les points positifs et ce que vous devez améliorer.

2. Prenez des notes.
- Mes points forts.
- Mes axes de progrès : débit, ton, vocabulaire, gestes, attitudes…

3. Recommencez en améliorant votre prestation orale jusqu'à en être satisfait.

Exercice 3 ●●○

Un élève accepte de répondre aux questions posées sur son exposé.

1. Observez et écoutez attentivement l'échange.

2. Remplissez la grille suivante.

Compétences verbales
Voix : intensité, débit, élocution, ton…
Langage : vocabulaire employé, tournures de phrases, tics de langage…
Cohérence : écoute, prise en compte des questions, fil conducteur…
Dynamisme : expression naturelle, active…
Compétences non verbales
L'attitude : tenue, présence active…
La posture : debout, assise…
Le regard : assuré, face à face…
Les gestes : dynamiques, actifs…

Toute présentation doit être répétée plusieurs fois, pour bien en maîtriser toutes les étapes. Pensez qu'un bon avocat, même expérimenté, répète jusqu'à dix fois sa plaidoirie avant le procès. Formez un groupe d'orateurs avec quelques camarades. Entraînez-vous à parler en public en appliquant la grille de l'exercice 3. Mieux encore, filmez-vous, pour pouvoir vous corriger.

En suivant l'itinéraire
de personnages réalistes,
le lecteur rencontre
des êtres de fiction
mais qui traversent,
tout comme lui,
les épreuves de la vie.

Le parcours du personnage réaliste

Quelles sont les caractéristiques du personnage réaliste ?

« Faire vrai consiste à donner l'illusion complète du réel. »

Maupassant, écrivain réaliste, 1888.

Honoré Daumier, *Lithographie : « Vous avez perdu votre procès c'est vrai... mais vous avez dû éprouver bien du plaisir à m'entendre plaider »*, 1848.

Giuseppe Pellizza da Volpedo, *Le quatrième état*, 1901.

Edward Hopper, *Compartiment C, voiture 293*, 1938.

Pistes de réflexion

1 En tant que lecteur, que préférez-vous ? Les récits de vie, les romans à caractère social ou les aventures imaginaires ?

2 Dans quel décor réaliste le peintre Edward Hopper a-t-il placé son personnage ?

3 Relisez la citation de Maupassant. Quels détails du tableau de Giuseppe Pellizza da Volpedo pourraient figurer dans une description écrite par Maupassant ?

4 Le dessinateur Daumier, comme les romanciers réalistes, dénonce les injustices sociales. Quelle situation décrit-il dans sa lithographie ?

Lecture

Émile Zola

Écrivain et journaliste (1840-1902). Venu d'Aix-en-Provence, Émile Zola découvre une société en pleine mutation. Il travaille comme livreur, puis comme rédacteur public de la librairie Hachette. Dès ses premiers romans, il rassemble une génération de jeunes écrivains réalistes, dont il devient le porte-parole. Pourfendeur des inégalités, défenseur du capitaine Dreyfus injustement accusé d'espionnage, Zola suscite les admirations, mais aussi les haines, au point de s'exiler un temps en Angleterre.

La description réaliste

TEXTE 1

Dans les premières pages du roman, Gervaise Macquart est une blanchisseuse. Elle a quitté Plassans en Provence pour suivre son amant Lantier et s'installer à Paris.

Quand Gervaise s'éveilla, vers cinq heures, raidie, les reins brisés, elle éclata en sanglots. Lantier n'était pas rentré. Pour la première fois, il découchait. Elle resta assise au bord du lit, sous le lambeau de perse[1] déteinte qui tombait de la flèche attachée au plafond par une ficelle. Et, lentement, de ses yeux voilés de larmes, elle faisait le tour de la misérable chambre garnie, meublée d'une commode de noyer dont un tiroir manquait, de trois chaises de paille et d'une petite table graisseuse, sur laquelle traînait un pot à eau ébréché. On avait ajouté, pour les enfants, un lit de fer qui barrait la commode et emplissait les deux tiers de la pièce. La malle de Gervaise et de Lantier, grande ouverte dans un coin, montrait ses flancs[2] vides, un vieux chapeau d'homme tout au fond, enfoui sous des chemises et des chaussettes sales ; tandis que, le long des murs, sur le dossier des meubles, pendaient un châle troué, un pantalon mangé par la boue, les dernières nippes dont les marchands d'habits ne voulaient pas. Au milieu de la cheminée, entre deux flambeaux de zinc dépareillés, il y avait un paquet de reconnaissances du Mont-de-Piété[3], d'un rose tendre. C'était la belle chambre de l'hôtel, la chambre du premier, qui donnait sur le boulevard. Cependant, couchés côte à côte sur le même oreiller, les deux enfants dormaient. Claude, qui avait huit ans, ses petites mains rejetées hors de la couverture, respirait d'une haleine lente, tandis qu'Étienne, âgé de quatre ans seulement, souriait, un bras passé au cou de son frère. Lorsque le regard noyé de leur mère s'arrêta sur eux, elle eut une nouvelle crise de sanglots, elle tamponna un mouchoir sur sa bouche, pour étouffer les légers cris qui lui échappaient. Et, pieds nus, sans songer à remettre ses savates tombées, elle retourna s'accouder à la fenêtre, elle reprit son attente.

L'hôtel se trouvait sur le boulevard de la Chapelle à gauche de la barrière Poissonnière. C'était une masure de deux-étages, peinte en rouge lie-de vin jusqu'au second, avec des persiennes pourries par la pluie.

Émile Zola, *L'Assommoir*, 1877.

1. **Perse** : tissu d'ameublement.
2. **Flancs** : côtés.
3. **Mont-de Piété** : banque de charité pour emprunter de l'argent en échange d'une mise en gage d'objets personnels.

TEXTE 2

Le roman doit être ceci : illustrer le milieu peuple, et expliquer par ce milieu les mœurs peuple ; comme quoi à Paris, la soûlerie, la débandade de la famille, les coups, l'acceptation de toutes les hontes et de toutes les misères vient des conditions mêmes de l'existence ouvrière, des travaux durs, des promiscuités, du laisser-aller.

Notes d'Émile Zola pour la rédaction du roman *L'Assommoir*.

Illustration de *L'Assommoir* (1877). C'est dans ce quartier du 18e arrondissement de Paris que s'installe Gervaise.

Connaissances

L'univers réaliste

Le miroir d'une époque. Le roman réaliste veut être une chronique contemporaine. Inspiré du réel, le romancier devient un historien du présent.

La recherche du vrai. Les descriptions des hommes et des choses détruisent le caractère merveilleux du romanesque. Les nombreux détails, les dialogues sont là « pour faire vrai ».

L'ambition du romancier. Le romancier veut susciter l'intérêt du lecteur par des personnages attachants, des intrigues à rebondissements et par une critique des rouages de la société.

Questions

Découverte

- Donnez un titre à cet extrait.
- En quoi ce texte peut-il être vu comme un document historique ?

Analyse

1 Où se situe précisément Gervaise ? À travers quel regard la description du lieu est-elle construite ?

2 Confrontez les notes d'Émile Zola (texte 2) au roman (texte 1). De quelle façon procède-t-il pour écrire ? Quel est son objectif d'écrivain ?

3 Quels sentiments éprouve-t-on pour Gervaise ? Expliquez.

4 Selon vous, pourquoi la description du lieu est-elle importante dès les premières pages du roman ?

Activités

Langue

La proposition relative. La proposition subordonnée relative est introduite par un pronom relatif. Elle complète un nom ou pronom de la proposition précédente. Dans le texte 1, relevez deux propositions subordonnées relatives.

Lexique

Le niveau de langue. Le niveau de langue permet de situer un lieu social et participe à la description d'un personnage. Retrouvez dans le texte 1 deux mots appartenant au registre familier.

Écriture

Construire une réponse

Répondez à la question suivante : « En quoi le texte illustre-t-il les caractéristiques de l'univers réaliste ? » Aidez-vous de la rubrique « Connaissances ». Commencez par reformuler la question, ensuite développez votre réponse sans oublier de citer le texte.

Carnet de lecteur

Regardez les premières minutes du film *Gervaise* de Renée Clément réalisé en 1956.

Vidéo
liennathan.fr/ft2a69

Comparez les premières minutes du film à cette première page du roman et notez vos impressions. Quelle version préférez-vous ? Le réalisateur est-il fidèle au récit de Zola ?

Honoré de Balzac

Étudiant en droit puis employé chez un avocat parisien, Honoré de Balzac (1799-1850) se passionne très tôt pour la littérature. Après un échec dans l'édition, ses premiers romans servent à combler ses dettes. En 1834, avec *Le Père Goriot*, il a l'idée d'une œuvre monumentale où les personnages reviennent de livres en livres. C'est la *Comédie humaine* avec ses quatre-vingt récits et ses deux mille cinq cent personnages.

Balzac a transformé le roman et a créé le réalisme moderne dont s'inspireront les grands romanciers des siècles suivants.

La construction du personnage réaliste

Vautrin est un des personnages de la *Comédie Humaine* de Balzac. C'est un personnage inquiétant qui apparaît sous plusieurs noms dans divers romans.

TEXTE 1

Vautrin, est pensionnaire dans une petite auberge à Paris, la pension Vauquer.

Vautrin, l'homme de quarante ans, était un de ces gens dont le peuple dit : Voilà un fameux gaillard ! Il avait les épaules larges, le buste bien développé, les muscles apparents, des mains épaisses, carrées et fortement marquées aux phalanges par des bouquets de poils touffus et d'un roux ardent. Sa figure, rayée par des idées prématurées, offrait des signes de dureté que démentaient ses manières souples et liantes. Sa voix de basse-taille[1], en harmonie avec sa grosse gaieté, ne déplaisait point. Il était obligeant et rieur. Si quelque serrure allait mal, il l'avait bientôt démontée, rafistolée, huilée, limée, remontée, en disant : « Ça me connaît. » Il connaissait tout d'ailleurs les vaisseaux[2], la mer, la France, l'étranger, les affaires, les hommes, les évènements, les lois, les hôtels et les prisons. Si quelqu'un se plaignait par trop, il lui offrait aussitôt ses services. Il avait prêté plusieurs fois de l'argent à Madame Vauquer et à quelques pensionnaires ; mais ses obligés seraient morts plutôt que de ne pas le lui rendre, tant, malgré son air bonhomme, il imprimait de crainte par un certain regard profond et plein de résolution. À la manière dont il lançait un jet de salive, il annonçait un sang-froid imperturbable qui ne devait pas le faire reculer devant le crime pour sortir d'une situation équivoque[3]. Comme un juge sévère, son œil semblait aller au fond de toutes les questions, de toutes les consciences, de tous les sentiments.

Honoré de Balzac, *Le Père Goriot*, 1835.

1. **Basse-taille** : voix grave.
2. **Vaisseaux** : navires.
3. **Équivoque** : ambiguë, douteuse.

TEXTE 2

Dans le même roman, Vautrin, personnage sans scrupules, donne des conseils à Rastignac, jeune noble mais pauvre, qui arrive à Paris pour y trouver fortune.

Une rapide fortune est le problème que se proposent de résoudre en ce moment cinquante mille jeunes gens qui se trouvent dans votre position. Vous êtes une unité de ce nombre-là. Jugez des efforts que vous avez à faire et de l'acharnement du combat. Il faut manger les uns des autres comme des araignées dans un pot, attendu qu'il n'y a pas cinquante mille bonnes places. Savez-vous comment on fait son chemin ici ? par l'éclat du génie ou par la corruption. Il faut entrer dans cette masse d'hommes comme un boulet de canon, ou s'y glisser comme une peste. L'honnêteté ne sert à rien.

Honoré de Balzac, *Le Père Goriot*, 1835.

Carnet de lecteur

Réaliser un dictionnaire. Faites une recherche sur Edmond Dantes dans *Le Comte de Monte-Cristo* d'Alexandre Dumas, Jean Valjean dans *Les Misérables* de Victor Hugo et *Chéri-Bibi* de Gaston Leroux. Présentez chacun d'eux en quelques lignes. Expliquez leurs points communs et différences.

TEXTE 3

Dans un autre roman, Vautrin donne à nouveau des conseils à un jeune homme, Lucien de Rubempré, pour le guider vers le succès.

Je vous maintiendrai, moi, d'une main puissante dans la voie du pouvoir, et je vous promets néanmoins une vie de plaisirs, d'honneurs, de fêtes continuelles… Jamais l'argent ne vous manquera… Vous brillerez, vous paraderez, pendant que courbé dans la boue des fondations, j'assurerais le brillant édifice de votre fortune. J'aime le pouvoir pour le pouvoir… moi ! Je serais toujours heureux de vos jouissances qui me sont interdites. Enfin, je me ferais vous !… Eh bien, le jour où ce pacte d'homme à Démon, d'enfant à diplomate, ne vous conviendra plus, vous pourrez toujours aller chercher un petit endroit, comme celui dont vous parliez, pour vous noyer : vous serez un peu plus ou un peu moins ce que vous êtes aujourd'hui, malheureux ou déshonoré…

Honoré de Balzac, *Les Illusions perdues*, 1837-1843.

Dans le jardin de la pension Vauquer,
Vautrin donne des conseils au jeune Rastignac.

Questions

Découverte

- Comment qualifieriez-vous Vautrin : manipulateur et intelligent, ambitieux et intelligent ou bien attentionné et intelligent ?
- Connaissez-vous dans la littérature, le cinéma ou les séries, un personnage qui ressemble à Vautrin ?

Analyse

1. Élaborez le portrait physique de Vautrin. En quoi peut-il impressionner ses interlocuteurs ?
2. Quels traits de caractère le lecteur peut-il deviner à travers l'attitude de Vautrin ?
3. Quelle conception du monde exprime Vautrin ? Partagez-vous sa conception ?
4. Le personnage de Vautrin reste identique d'un roman à l'autre. Justifiez cette affirmation.

Connaissances

La construction du personnage

L'identité et le nom du personnage. L'écrivain donne au personnage, un nom, un prénom, un surnom, un âge, un lieu de résidence, une nationalité, une activité professionnelle. Ces indications permettent au lecteur de situer le personnage dans un milieu.

Le portrait physique et psychologique. Un personnage peut être décrit par son aspect extérieur, les traits de son visage, ses vêtements, sa voix… C'est le portrait physique.

Il est aussi décrit par ses traits de caractère, ses qualités, ses défauts, son comportement… C'est le portrait moral ou psychologique.

La construction du portrait. La description du personnage est faite directement par le narrateur ou le personnage lui-même : c'est la caractérisation directe. Des indices sur les personnages sont donnés indirectement à travers ses gestes, son comportement, sa parole : c'est la caractérisation indirecte.

Activités

Langue

Les temps verbaux. Expliquez l'emploi des temps du passé dans le texte 1 et les temps du présent dans le texte 2.

Les points de suspension. Quelle est la fonction des points de suspension dans le texte 3 ?

Écriture

Rédiger un paragraphe

Expliquez les caractéristiques du personnage de Vautrin. Aidez-vous de la rubrique « Connaissances ». Commencez par présenter le physique de Vautrin. Évoquez ensuite son portrait psychologique. Terminez par sa conception du monde. Illustrez vos explications en citant des éléments du texte.

Inventer un héros réaliste

Objectif

Vous rédigez le portrait réaliste d'une héroïne d'un roman de Gustave Flaubert, Emma Bovary.

1 Travail préparatoire

1. Repérez les détails fournis par le procédé de la caractérisation directe et les détails fournis en caractérisation indirecte (Doc. 1).
2. À l'aide des documents 2, 3 et 4, imaginez le portrait physique et psychologique d'Emma Bovary.
3. Déterminez quelles caractérisation, directe ou indirecte, vous allez employer.

2 Écriture

La rédaction du portrait.

À l'aide de vos notes, rédigez le portrait d'Emma Bovary en changeant, à une seule reprise, les caractérisations.

Un début en caractérisation indirecte.

Vous pouvez commencer votre texte avec cette phrase : « Je suis assise à la fenêtre, et j'observe le quotidien de Yonville-l'Abbaye… ». Privilégiez la caractérisation indirecte.

Une suite en caractérisation directe.

Poursuivez ensuite votre texte en présentant, en caractérisation directe, le personnage d'Emma Bovary, son portrait physique et son identité.

3 Réécriture

La vérification du texte.

Relisez votre texte.

Améliorez votre texte en insérant des figures de style.

La confrontation.

Vous pouvez ensuite confronter votre portrait au roman de Gustave Flaubert.

4 Performance orale

Les élèves volontaires lisent les textes à voix haute.

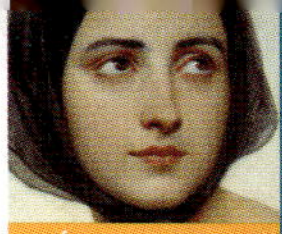

DOC.1 La caractérisation du personnage

- **La caractérisation directe.** Les indices sont donnés directement par le narrateur ou le personnage lui-même. L'identité, le physique les détails vestimentaires.
  « Son visage était maigre et sa voix aiguë. À vingt-cinq ans, on lui en aurait donné cinquante ». Gustave Flaubert.
- **La caractérisation indirecte.** Les informations à propos du personnage peuvent être apportées de manière indirecte. C'est au lecteur d'interpréter un geste, une attitude, le niveau de langue, le nom du personnage, une action.

DOC.2 Le vocabulaire du portrait

Les cheveux : courts, longs, raides, ondulés, bouclés, crépus, soyeux, blonds, bruns, auburn, châtains, cendrés, roux.
Les yeux : perçants, vifs, brillants, sombres, froids, en amande, grands.
Le nez : droit, busqué, retroussé, en trompette, grec.
La bouche : large, étroite, rieuse, pincée, expressive, sensuelle.
L'allure : élancée, souple, grande, frêle, mince, svelte, obèse, trapue, ramassée, élégante.
Le caractère : doux, docile, aimable, ombrageux, emporté, volontaire, déterminé, tenace, faible, violent, discret, réservé, malicieux, rusé, orgueilleux.

DOC.3 La fiche personnage d'Emma Bovary

Nom : Bovary, née Rouault.
Prénom : Emma.
Situation familiale : mariée au médecin Charles Bovary, mère d'un enfant : Berthe.
Adresse : Yonville-l'Abbaye, en Normandie.
Son passé : fille d'un paysan, pensionnaire dans un couvent pour jeunes filles.
Ses aspects psychologiques : amoureuse, désespérée, esprit romanesque, mélancolique, sensible, sentimentale, songeuse, rêveuse, romantique.
Ses goûts : la lecture, la broderie.
Son désir secret : changer de vie, le bonheur est ailleurs.

DOC.4 Une représentation d'Emma Bovary

Joseph-Désiré Court, *Rigolette cherchant à se distraire pendant l'absence de Germain*, 1844. Portrait de jeune femme généralement associé à Emma Bovary, l'héroïne de Flaubert.

L'adjectif

1 Le rôle de l'adjectif

- **L'adjectif qualificatif** accompagne et enrichit un nom. Il exprime une qualité particulière (la couleur, la forme, la taille…) d'un être ou d'un objet.
- **L'adjectif qualificatif épithète** est placé avant, ou après le nom qu'il qualifie.
  → *Ce garçon porte un **beau** chapeau.*
- **L'adjectif qualificatif attribut** est relié au sujet par un verbe d'état (*être*, *paraître*, *sembler*…).
  → *Ce garçon est **beau**.*
- **L'adjectif qualificatif apposé** est détaché du nom qu'il qualifie, par une virgule.
  → *Ce garçon, **beau** comme un dieu, savait rester humble.*

2 La formation de l'adjectif

- L'adjectif peut être dérivé :

– d'un verbe :
  → *fatiguer : fatigué*

– d'un radical auquel on ajoute les suffixes *-ible*, *-able* :
  → *aimer : aimable*

– d'un nom :
  → *vertu : vertueux*

3 L'accord de l'adjectif qualificatif

- **L'adjectif est un mot variable.** Il s'accorde en genre et en nombre, qu'il soit épithète, attribut ou apposé.
  → *Elle est **talentueuse**. Ils sont **talentueux**.*

4 L'accord de l'adjectif de couleur

- **Les adjectifs de couleur restent invariables** :

– s'il s'agit d'un adjectif employé comme un nom : *marron*, *orange*, *aubergine*.
  → *J'ai acheté des chaussures **orange**.*

– si l'adjectif est associé à un autre adjectif :
  → *Des maisons **jaune pâle**.*

Exception

Les adjectifs *rose*, *mauve*, *fauve*, *écarlate* s'accordent en nombre.
  → *Des chemises **roses**.*

Exercice 1 ●○○

Repérez les adjectifs qualificatifs dans le texte.

C'est une enfant de dix-huit ans au plus. Pour avoir moins froid, elle n'a retiré ni son châle, ni son bonnet. Elle mange chez elle toute vêtue, en cachant par moment ses mains que le vent bleuit. Si elle pouvait sourire, elle serait charmante ; ses lèvres délicates, ses yeux d'un gris tendre auraient une douleur exquise. Mais la souffrance a pincé sa bouche, et mis une dureté morne dans son regard. Elle a le masque rigide et menaçant des misérables.

Émile Zola, *À quoi rêvent les pauvres filles ?*, 1870.

Exercice 2 ●●●

Modifiez les phrases suivantes en remplaçant le verbe souligné par un adjectif en modifiant à chaque fois la phrase.

Exemple : *On ne peut pas manger ce plat.*
Ce plat n'est pas mangeable.

1. On ne peut appliquer les règles de vie que vous nous expliquez.
2. Le dernier témoin apporte une preuve que l'on ne peut pas réfuter.
3. Ce document est tellement mal écrit qu'il est impossible à comprendre.
4. On le reconnaît partout avec sa chevelure extravagante.
5. Vous me posez là un problème qui ne peut pas être résolu.
6. En endossant ce gilet fluorescent, on vous verra de très loin.
7. Vous pouvez dissoudre ce produit dans l'eau.
8. Ce que vous me racontez là depuis des heures me fait rire.
9. L'honnêteté consiste à dire ce que l'on pense et à faire ce que l'on dit.
10. Il faut être lucide dans certaines situations.

Exercice 3 ●●○

Accordez comme il convient les adjectifs entre parenthèses.

1. Sur le marché vous trouverez de (beau) légumes et des fruits (doux-amer).
2. Les étudiants ont installé la (nouveau) version du logiciel.
3. Pour le défilé, les lycéens porteront des chapeaux (bleu), des rubans (rose) et des chaussures (marron).
4. J'aime photographier des sommets (enneigé) et capturer leurs couleurs (ivoire).
5. La guerre est (cruel) et les raisons souvent (incompréhensible).
6. On sent l'odeur (discret) de ces parfums (oriental).
7. Les (délicieux) victuailles, que le cuisinier nous sert proviennent de l'agriculture biologique.
8. Jeanne (heureux) et (souriant) saluait ses amis.
9. (Seul) les premiers arrivés ont pu assister au spectacle.
10. Leya est (songeur) depuis son retour des vacances.

Exercice 4 ●●○

Dans le texte ci-dessous, relevez les adjectifs qualificatifs. Dites s'ils sont épithètes, apposés ou attributs.

C'est pour ça que j'aime cette ville, ma ville. Elle est belle pour cette familiarité qui est comme du pain à partager entre tous. Elle n'est belle que par humanité. Le reste n'est que chauvinisme. De belles villes, avec de beaux monuments, il y en a plein l'Europe. De belles rades, de belles baies, des ports magnifiques, il y a plein le monde. Je ne suis pas chauvin. Je suis marseillais. C'est à dire d'ici, passionné, et de tous les ailleurs en même temps. Marseille, c'est ma culture du monde.

Jean-Claude Izzo, *Marseille*, Éditions Hoëbeke, 2000.

Exercice 5 ●●●

Rédigez un texte d'une dizaine de lignes afin de décrire les lieux et la situation dans laquelle se trouvent les personnages. Vous devez introduire 10 adjectifs. Vous pouvez vous aider de la liste ci-dessous. Relisez votre texte pour vérifier l'accord des adjectifs.

Liste personnages : athlétique, admiratif, courageux, décidé, enthousiaste, joyeux, passionné, physique, téméraire, sportif…
Liste lieux : coloré, tamisé, voilé, obscur, orangé, pâle, rougeoyant, sombre, vivant…

Comment répondre à une question

Pour répondre, soit par écrit soit à l'oral lors de la présentation du chef d'œuvre et de la discussion avec le jury, il faut d'abord analyser soigneusement la question posée. La réponse peut être une argumentation s'appuyant sur des exemples, un éclaircissement ou une explicitation structurée.

1 *Analysez la construction*

• La question porte sur la construction.
Pour une question sur un objet technique lors de l'oral ou sur un texte lors d'un écrit, repérez s'il faut évoquer le thème, ou expliquer une caractéristique, une manipulation, une attitude ou une construction.

• La question porte sur une interprétation.
Pour une question d'interprétation d'un texte, il faut observer si la question porte sur un ou des documents, sur un élément ou des éléments d'une partie de l'extrait.

2 *Adaptez votre réponse*

• La réponse qui présente un relevé.
Il faut reprendre la question sous la forme affirmative et énumérer les mots demandés, en les citant entre guillemets.

• La réponse qui explique.
Il s'agit de prouver qu'on a compris un terme, une expression ou une idée de l'auteur.

• La réponse qui justifie.
Il faut apporter des preuves relevées dans le texte ou l'image, pour appuyer une affirmation.

• La réponse qui confronte des documents.
Il faut relever des pistes communes ou des différences entre les textes ou documents. La réponse peut aussi porter sur les idées d'un ou plusieurs textes, mais également sur la manière dont le texte est écrit.

3 *Structurer votre réponse*

• Reformuler la question.
On reprend d'abord la question posée dans le sujet, en la rédigeant sous une forme affirmative.

• Développer sa réponse.
On apporte ensuite son interprétation en utilisant ses propres mots. On cite à chaque fois des expressions ou un passage, en les mettant entre guillemets.

Exercice 1

Analyser les questions suivantes. Précisez pour chacune d'elle s'il s'agit de présenter un relevé, d'expliquer, de justifier ou de confronter.

a. Le personnage répète plusieurs fois « je m'en doutais », pourquoi ?
b. Recherchez dans le scénario trois indices qui montrent l'inquiétude du personnage.
c. Qu'est-ce que les indications sonores révèlent à propos de l'action dans la séquence ?
d. Et vous, avez-vous apprécié la lecture de ce roman d'Émile Zola ?
e. Les deux auteurs partagent-ils la même vision de la guerre ?

Exercice 2

Analysez la question. Donnez les éléments de réponse qui sont attendus.

Question :
Quelle impression se dégage du personnage ?

Au physique, Grandet était un homme de cinq pieds, trapu, carré, ayant les mollets de douze pouces de circonférence, des rotules noueuses et large d'épaule ; son visage était rond, tanné, marqué de petite vérole, son menton était droit, ses lèvres n'offraient aucune sinuosité, et ses dents étaient blanches ; ses yeux avaient l'expression calme et dévoratrice que le peuple accorde au basilic, son front, plein de rides transversales, ne manquait pas de protubérances significatives ; ses cheveux jaunâtres et grisonnants étaient blancs et or.

Honoré de Balzac, *Eugénie Grandet*, 1833.

Exercice 3

1. **Lisez les réponses. Laquelle est conforme au principe d'une réponse ?**
2. **Quels défauts présente l'autre réponse ?**
3. **Améliorez cette réponse en appliquant la méthode.**

a. Pourquoi peut-on dire que Balzac propose un portrait social ?

Il y a plusieurs raisons. Il ne décrit pas physiquement le personnage principal, mais évoque son statut social, sa ville d'origine : Angoulême.

b. Comment expliquez-vous la réaction de Georges ?

Georges réagit ainsi car il ne comprend pas la décision de son patron, comme le prouvent les nombreuses phrases interrogatives pour tenter de comprendre son licenciement. Ensuite, son attitude indique qu'il s'énerve. En effet, il « s'agite », « ne cesse de marcher dans la pièce » et commence à employer un langage familier.

EXERCICE BILAN

Répondez à la question en respectant les trois parties d'une réponse : reformuler, développer la réponse et justifier.

Question. Quels éléments de ce portrait, situé au début de roman, montrent que le personnage va connaître plus tard l'échec ?

Dans Le Rouge et le Noir, *Stendhal raconte l'ascension sociale et la chute d'un jeune homme de province de condition modeste.*

Il avait les yeux pourpres et les yeux baissés. C'était un petit homme de dix-huit à dix-neuf ans, faible en apparence, avec des traits irréguliers, mais délicats et un nez aquilin. De grands yeux noirs, qui, dans les moments tranquilles, annonçaient de la réflexion et du feu, étaient animés en cet instant de l'expression de la haine la plus féroce. Des cheveux châtain foncé, plantés fort bas, lui donnaient un petit front, et, dans les moments de colère, un air méchant. Parmi les innombrables variétés de la physionomie humaine, il n'en est peut-être point qui se soit distingué par une spécialité plus saisissante. Une taille svelte, et bien prise, annonçait plus de légèreté que de vigueur. Dès sa première jeunesse, son air extrêmement pensif et sa grande pâleur, avaient donné l'idée à son père qu'il ne vivrait pas, ou qu'il vivrait pour être une charge à sa famille. Objet des mépris de tous à la maison, il haïssait ses frères et son père ; dans les jeux du dimanche, sur la place publique, il était toujours battu.

Stendhal, *Le Rouge et le Noir*, 1830.

Dans un roman d'analyse, il ne s'agit ni de voyages ni d'aventures extraordinaires. Le roman d'analyse se consacre à l'exploration des sentiments et à l'évolution psychologique des personnages.

Le roman d'analyse et ses personnages

Comment le roman d'analyse touche-t-il le lecteur ?

« Le roman est l'histoire éternelle du cœur humain. L'histoire vous parle des autres, le roman vous parle de vous. »

Alphonse Karr

René Magritte, *La Lectrice soumise*, 1928.

Edward Loevy, *Dandy indolent*, 1901 (détail).

Alex Katz,
Round Hill, 1977.

Pistes de réflexion

1 Quelle illustration, selon vous, se rapproche le plus du titre de la double page ?

2 Quel détail commun pouvez-vous repérer entre le tableau de Magritte et celui d'Alex Katz ?

3 Observez le tableau de Magritte : *La Lectrice soumise*. Et relisez la citation. Quels sentiments cette lectrice semble-t-elle exprimer ? Comment expliquer le titre du tableau ?

Stendhal

Écrivain (1783-1842), élevé à Grenoble, Henri Beyle dit Stendhal, perd à six ans une mère qu'il adore. Il se révolte contre son père, les prêtres et les rois. Il s'engage à 17 ans dans l'armée de Napoléon mais l'armée l'ennuie. Il démissionne alors, occupe différentes charges, puis participe à la retraite de Russie. Sans emploi à la fin de l'Empire, il se partage entre la France et l'Italie. Après la publication du roman, *Le Rouge et le Noir*, les autorités autrichiennes, qui se méfient de ses opinions politiques, l'empêchent d'être consul à Trieste et il se retrouve exilé à Civitavecchia près de Rome.

L'apprentissage du monde

Le roman d'apprentissage raconte comment le héros construit peu à peu sa personnalité et découvre le monde.

Julien Sorel, fils d'un bûcheron, se distingue très tôt par son intelligence. Ainsi, il devient le précepteur des enfants du maire du village, Monsieur de Rênal. Son épouse s'éprend de Julien qui, très vite, est flatté de l'intérêt que lui porte cette femme de rang supérieur au sien.

L'attention continue avec laquelle il étudiait ses moindres actions, dans la folle idée de paraître un homme d'expérience, n'eut qu'un avantage ; lorsqu'il revit madame de Rênal à déjeuner, sa conduite fut un chef-d'œuvre de prudence.

Pour elle, elle ne pouvait le regarder sans rougir jusqu'aux yeux, et ne pouvait vivre un instant sans le regarder ; elle s'apercevait de son trouble, et ses efforts pour le cacher le redoublaient. Julien ne leva qu'une seule fois les yeux sur elle. D'abord, madame de Rênal admira sa prudence. Bientôt, voyant que cet unique regard ne se répétait pas, elle fut alarmée : « Est-ce qu'il ne m'aimerait plus, se dit-elle ; hélas ! je suis bien vieille pour lui ; j'ai dix ans de plus que lui ».

En passant de la salle à manger au jardin, elle serra la main de Julien. Dans la surprise que lui causa une marque d'amour si extraordinaire, il la regarda avec passion, car elle lui avait semblé bien jolie au déjeuner, et, tout en baissant les yeux, il avait passé son temps à se détailler ses charmes. Ce regard consola madame de Rênal ; il ne lui ôta pas toutes ses inquiétudes ; mais ses inquiétudes lui ôtaient presque tout à fait ses remords envers son mari.

Au déjeuner, ce mari ne s'était aperçu de rien ; il n'en était pas de même de madame Derville : elle crut madame de Rênal sur le point de succomber. Pendant toute la journée, son amitié hardie et incisive ne lui épargna pas les demi-mots destinés à lui peindre, sous de hideuses[1] couleurs, le danger qu'elle courait.

Madame de Rênal brûlait de se trouver seule avec Julien ; elle voulait lui demander s'il l'aimait encore. Malgré la douceur inaltérable[2] de son caractère, elle fut plusieurs fois sur le point de faire entendre à son amie combien elle était importune[3].

Le soir, au jardin, madame Derville arrangea si bien les choses, qu'elle se trouva placée entre madame de Rênal et Julien. Madame de Rênal, qui s'était fait une image délicieuse du plaisir de serrer la main de Julien et de la porter à ses lèvres, ne put pas même lui adresser un mot.

Ce contretemps augmenta son agitation. Elle était dévorée d'un remords. Elle avait tant grondé Julien de l'imprudence qu'il avait faite en venant chez elle la nuit précédente, qu'elle tremblait qu'il ne vînt pas celle-ci. Elle quitta le jardin de bonne heure, et alla s'établir dans sa chambre. Mais, ne tenant pas à son impatience, elle vint coller son oreille contre la porte de Julien. Malgré l'incertitude et la passion qui la dévoraient, elle n'osa point entrer.

Stendhal, *Le Rouge et le Noir*, 1830.

1. **Hideuses** : affreuses.
2. **Inaltérable** : que rien ne peut changer, constante.
3. **Importune** : agaçante, désagréable.

« Elle quitta le jardin de bonne heure, et alla s'établir dans sa chambre. » Stefano Baghino, *Le retour du palais*, XIXe siècle.

Connaissances

Les points de vue

Le point de vue omniscient. Le lecteur a une vision d'ensemble et découvre les événements qui se déroulent au même moment dans des endroits différents. Le narrateur sait tout des personnages et de leurs pensées, n'hésitant pas à commenter l'action ou à porter un jugement.

Le point de vue externe. Le narrateur, placé en position d'observateur, rapporte les gestes et les paroles des personnages avec un regard impartial. Il n'évoque ni leurs sentiments ni leurs pensées.

Le point de vue interne. Le lecteur découvre les lieux, les êtres, les événements à travers les impressions et les pensées d'un personnage. Le récit se développe par l'intermédiaire du regard d'un personnage.

Questions

Découverte

- Pour lequel des deux personnages principaux avez-vous de la sympathie ?
- Selon vous, s'agit-il d'un vrai sentiment amoureux ?

Analyse

1 Cet extrait alterne les pensées de Julien et de Mme de Rênal. Repérez un passage où l'on découvre les pensées de Julien et un passage celles de Mme de Rênal.

2 Montrez, en vous appuyant sur des mots et expressions précis, que ces deux personnages sont attirés l'un par l'autre.

3 Si Madame de Rênal est animée de passion pour Julien, elle est aussi très inquiète. Comment cette inquiétude apparait-elle dans le texte ?

4 Quelle évolution constate-t-on chez Julien ?

5 En quoi cette expérience amoureuse rend-elle Julien plus sûr de lui ?

Activités

Lexique

Le champ lexical. Le champ lexical est l'ensemble des termes qui se rapportent à un même thème ou à une même réalité. Retrouvez dans le texte le champ lexical du regard et expliquez ce qu'il révèle.

Oral

Lire de manière expressive. Relisez les lignes 29 à 40. Déterminez la tonalité du texte, repérez les mots qui méritent d'être mis en valeur et les pauses qui donneront de l'intensité à votre lecture. Entrainez-vous et lisez devant la classe.

Recherche

Rechercher des adaptations d'une œuvre. Le roman de Stendhal a fait l'objet de plusieurs adaptations : films, opéra-rock, bande dessinée, manga. Recherchez pour chacune de ces adaptations le titre, l'auteur, le réalisateur, le compositeur, le metteur en scène ou le dessinateur, la date de parution.

Vidéo
liennathan.fr/99mx8n

Écriture

Expliquer un procédé d'écriture

En vous appuyant sur vos réponses, expliquez dans un paragraphe l'alternance des points de vue. Dites ce qu'apporte à l'histoire le point de vue de Julien et le point de vue de Mme de Rênal. Aidez-vous de la rubrique « Connaissances ».

Madame de Lafayette

Écrivaine (1634-1693), élevée dans un milieu cultivé, la jeune Marie-Madeleine, qui deviendra Madame de Lafayette, est vite réputée pour sa finesse et son esprit. Nommée à dix-sept ans demoiselle d'honneur de la reine, elle observe de près les intrigues de la cour. Amie intime de Madame de Sévigné, elle est entourée d'humanistes brillants. Elle écrit des nouvelles et des romans qui ne sont pas publiés sous son nom, car une dame de son rang dérogerait en s'avouant auteur.

Les doutes du personnage

Le héros, dans le roman d'analyse, est en proie à des doutes, des remords, des inquiétudes. Dans le roman de Madame de Lafayette, Mme de Clèves est déchirée entre son devoir et ses sentiments.

TEXTE 1

L'héroïne fait son entrée à la Cour.

Il parut alors une beauté à la cour qui attira les yeux de tout le monde, […]. Son père était mort jeune, et l'avait laissée sous la conduite de Mme de Chartres, sa femme, dont le bien, la vertu et le mérite étaient extraordinaires. Après avoir perdu son mari, elle avait passé plusieurs années sans revenir à la Cour. Pendant cette absence, elle avait donné ses soins à l'éducation de sa fille ; mais elle ne travailla pas seulement à cultiver son esprit et sa beauté, elle songea aussi à lui donner de la vertu et à la lui rendre aimable. La plupart des mères s'imaginent qu'il suffit de ne parler jamais de galanterie[1] devant les jeunes personnes pour les en éloigner ; Mme de Chartres avait une opinion opposée : elle faisait souvent à sa fille des peintures de l'amour ; elle lui montrait ce qu'il a d'agréable, pour la persuader plus aisément sur ce qu'elle lui en apprenait de dangereux ; elle lui contait le peu de sincérité des hommes, leurs tromperies et leurs infidélités.

TEXTE 2

L'héroïne, qui s'est mariée sans amour avec Monsieur de Clèves, arrive à un bal donné au Louvre par le roi et la reine.

Elle se tourna, et vit un homme qu'elle crut d'abord ne pouvoir être que M. de Nemours, qui passait par-dessus quelques sièges pour arriver où l'on dansait. Ce prince était fait d'une sorte qu'il était difficile de n'être pas surprise de le voir quand on ne l'avait jamais vu, surtout ce soir-là, où le soin qu'il avait pris de se parer augmentait encore l'air brillant qui était dans sa personne ; mais il était difficile aussi de voir Mme de Clèves pour la première fois sans avoir un grand étonnement. M. de Nemours fut tellement surpris de sa beauté, que lorsqu'il fut proche d'elle, et qu'elle lui fit la révérence, il ne put s'empêcher de donner des marques de son admiration. Quand ils commencèrent à danser, il s'éleva dans la salle un murmure de louanges[2].

TEXTE 3

Après sa rencontre avec le duc de Nemours, Mme de Clèves rentre chez elle. Elle le revoit par la suite lors de réceptions.

Les jours suivants, elle le vit chez la reine-dauphine, elle le vit jouer à la paume[3] avec le roi, elle le vit courre la bague[4], elle l'entendit parler ; mais elle le vit toujours surpasser de si loin tous les autres, et se rendre tellement maître de la conversation dans tous les lieux où il était, par l'air de sa personne, et par l'agrément de son esprit, qu'il fit en peu de temps une grande impression dans son cœur. Il est vrai aussi que, comme M. de Nemours sentait pour elle une inclination violente qui lui donnait cette douceur et cet enjouement[5] qu'inspirent les premiers désirs de plaire, il était encore plus aimable qu'il n'avait accoutumé de l'être.

1. Galanterie : jeu de séduction.

2. Louanges : éloges, compliments.

Image du film *La belle personne* de Christophe Honoré, avec Louis Garrel et Léa Seydoux, 2008. Christophe Honoré a adapté le roman de Mme de Lafayette en déplaçant l'intrigue de la cour du roi Henri II dans un lycée parisien.

3. Paume : jeu, sport.
4. Courre la bague : jeu qui consiste à attraper un anneau avec une lance.
5. Enjouement : bonne humeur, gaieté.

TEXTE 4

Amoureuse du duc de Nemours, Mme de Clèves veut fuir la Cour et se réfugie à la campagne. M. de Clèves ne comprend pas qu'une femme de son âge et de son rang cherche la solitude.

J'ai des raisons pour m'éloigner de la cour, et que je veux éviter les périls où se trouvent quelquefois les personnes de mon âge. Je n'ai jamais donné nulle marque de faiblesse, et je ne craindrais pas d'en laisser paraître, si vous me laissiez la liberté de me retirer de la cour, ou si j'avais encore Mme de Chartres pour aider à me conduire. Quelque dangereux que soit le parti que je prends, je le prends avec joie pour me conserver digne d'être à vous. Je vous demande mille pardons si j'ai des sentiments qui vous déplaisent ; du moins je ne vous déplairai jamais par mes actions. Songez que, pour faire ce que je fais, il faut avoir plus d'amitié et plus d'estime pour un mari que l'on n'en a jamais eu : conduisez-moi, ayez pitié de moi, et aimez-moi encore, si vous pouvez.

M. de Clèves était demeuré pendant tout ce discours la tête appuyée sur ses mains, hors de lui-même ; et il n'avait pas songé à faire relever sa femme. Quand elle eut cessé de parler, qu'il jeta les yeux sur elle, qu'il la vit à ses genoux, le visage couvert de larmes, et d'une beauté si admirable, il pensa mourir de douleur.

Madame de Lafayette, *La Princesse de Clèves*, 1678.

Connaissances

Les valeurs du personnage

Le personnage est le porte-parole du romancier qui donne sa vision du monde et de la société.

Les valeurs sociales. À travers ses actions, ses paroles, ses relations avec les autres, le personnage fait réfléchir aux valeurs qui fondent une société. Par exemple, la justice, la solidarité, l'égalité, la paix, la liberté.

Les valeurs morales. Les réactions des personnages face à des situations ordinaires ou extraordinaires font appel à des valeurs plus personnelles. Celles-ci sont propres à chacun : la compassion, la vertu, l'honnêteté et le courage.

Questions

Découverte

- Dans quel milieu se déroule l'histoire ? Pourrait-elle se dérouler dans un autre milieu ?
- Que pensez-vous de l'attitude de Mme de Clèves ?

Analyse

1. Dans chaque extrait, il est question de la beauté de l'héroïne. Relevez des passages précis qui soulignent la beauté et les effets qu'elle produit.
2. Le premier extrait évoque l'éducation que l'héroïne reçoit de sa mère, Madame de Chartres. Comment conçoit-elle cette éducation ?
3. Dans le deuxième extrait, la romancière évoque les bouleversements des personnages. En quoi ce que ressent Mme de Clèves est-il contraire aux principes et valeurs de son éducation ?
4. Mme de Clèves souhaite se retirer de la Cour où pourtant elle pourrait avoir un avenir prometteur. Quelles valeurs lui font prendre cette décision ?

Activités

Langue

Les temps du récit. Pour raconter, l'écrivain utilise deux temps principaux : l'imparfait et le passé simple. Relevez et classez les verbes conjugués, dans texte 2.

Oral

À partir des quatre extraits, racontez le parcours personnel de Mme de Clèves.

1. Respectez l'ordre chronologique de l'histoire.
2. Insistez sur la psychologie de l'héroïne à chacune des étapes de son parcours.

Lexique

Le sens propre et le sens figuré. Le sens propre est le sens premier du mot, il est concret. Le sens figuré est le sens second, un sens plus abstrait. De quelle façon le titre du film de Christophe Honoré, *La belle personne*, joue-t-il sur le sens propre et le sens figuré du mot « belle » ?

Recherche

Regardez la bande annonce du film de Christophe Honoré, *La belle personne*. Repérez dans l'adaptation qui sont M. de Nemours, Mme de Clèves, M. de Clèves.

Écriture

Apporter une explication sur un personnage

À la fin du roman, M. de Clèves meurt de chagrin et Mme de Clèves décide de se retirer dans un couvent. Comment expliquez-vous cette décision ? Répondez à cette question dans un paragraphe en vous appuyant sur les valeurs qui inspirent Mme de Clèves. Aidez-vous de la rubrique « Connaissances ».

Introduire les pensées d'un personnage dans un récit

Objectif

Vous allez enrichir un récit avec les pensées et les réflexions d'un personnage.

1 Travail préparatoire

1. Le document 2 présente la situation telle qu'elle est perçue par Adolphe.
   Repérez les changements de comportement d'Ellénore dont Adolphe est le témoin.
   Relevez les réactions des deux personnages : Adolphe et Ellénore.
2. Observez la planche de bande dessinée et décrivez la scène.
3. À l'aide des documents 1, 3 et 4, imaginez comment Ellénore peut réagir et ce qu'elle peut penser dans chaque vignette.

2 Écriture

Rédigez les cinq bulles qui expriment le point de vue et les pensées intimes d'Ellénore.

- La première bulle commence par : « Pourquoi Adolphe agit-il ainsi ... ? ». Elle exprime un doute.
- La deuxième bulle commence par : « Je pense que je vais... ». Elle exprime un sentiment de revanche.
- La troisième bulle commence par : « Mais que croient-ils tous, ces jeunes gens... ». Elle exprime un jugement.
- La quatrième bulle commence par : « Pensent-ils tous vraiment que... ». Elle exprime de l'agacement.
- La cinquième bulle commence par : « Je veux qu'Adolphe... ». Elle exprime la jalousie.

DOC. 1 Le lexique des émotions

La joie : bonheur, heureux, gai, plaisir, éclat, rire...
L'émerveillement : extase, ravissement, béatitude, enchantement, transport...
La tendresse : affection, attachement, douceur, gentillesse...
La peine : chagrin, tristesse, affligé, accablé...
La colère : fureur, furieux, rage, enragé, mécontentement, dépit, emportement...
La répulsion : écœurement, nausée, haine, répugnance, aversion...

DOC.2 Extrait du roman

Les relations entre Adolphe et Ellénore se détériorent : l'héroïne doute de la sincérité des sentiments de son amant. Dans les jours qui suivent, Adolphe observe un changement dans son comportement.

Une singulière révolution s'opéra tout à coup dans la conduite et les manières d'Ellénore : jusqu'à cette époque elle n'avait paru occupée que de moi ; soudain je la vis recevoir et rechercher les hommages des hommes qui l'entouraient. Elle encourageait les sentiments et même les espérances d'une foule de jeunes gens, dont les uns étaient séduits par sa figure, et dont quelques autres, malgré ses erreurs passées, aspiraient sérieusement à sa main ; elle leur accordait de longs tête-à-tête ; elle avait avec eux ces formes douteuses, mais attrayantes, qui ne repoussent mollement que pour retenir, parce qu'elles annoncent plutôt l'indécision que l'indifférence, et des retards que des refus. J'ai su par elle dans la suite, et les faits me l'ont démontré, qu'elle agissait ainsi par un calcul faux et déplorable. Elle croyait ranimer mon amour en excitant ma jalousie.

Benjamin Constant, *Adolphe*, 1816.

DOC.3 Portrait des personnages principaux

Adolphe est un jeune homme de 22 ans au début du roman et il vient d'achever ses études. C'est un garçon d'une grande intelligence qui entame une brillante carrière. Adolphe n'est pas amoureux d'Ellénore, il est juste orgueilleux et se lance le défi de la séduire. Jamais il n'arrivera à lui dévoiler la véritable nature de ses sentiments de peur de la faire souffrir.

Ellénore, trente ans, est une belle aristocrate d'origine polonaise exilée en France. Elle est mariée à M. de P**. Elle tente de résister aux avances d'Adolphe, mais tombe vite passionnément amoureuse de lui. Elle est prête à tout quitter pour le retrouver. Au début du roman, elle apparait comme un personnage doux. Elle devient au fil du temps, impérieuse, violente, tyrannique.

DOC.4 Les réactions physiques

Les gestes et attitudes révèlent ce que ressent le personnage (un visage, qui rougit, des yeux brillants, des mains tremblantes…). La manière d'agir d'un personnage par rapport à un autre peut exprimer un sentiment (sourire, serrer dans les bras, rejeter…).

DOC.5 Planche à compléter

Pascal Croci, Benjamin Constant, *Adolphe*, Éd. Emmanuel Proust, 2012.

Enrichir sa phrase

Une phrase précise permet d'être bien compris, tant à l'écrit qu'à l'oral. Lors de la relecture de son brouillon, diverses techniques sont utiles pour améliorer son texte. On peut remplacer un mot par un autre mot. On peut aussi substituer, ajouter, enlever ou transformer des mots ou des expressions.

Comment enrichir sa phrase

1 Choisir le mot précis

- Les verbes suivants *avoir*, *être*, *faire*, *dire*, *voir* sont souvent utilisés et peuvent être remplacés par un verbe plus précis.

→ *Le romancier* fait *paraître de nombreux ouvrages.*
Le romancier édite/publie *de nombreux ouvrages.*

- Le mot « *chose* » ou la locution « *quelque chose* » doivent être remplacés en fonction du contexte de la phrase.

2 Ajouter des expansions du nom

Les expansions du nom précisent et complètent un nom ou un groupe nominal.

- Les adjectifs qualificatifs peuvent caractériser une personne, un lieu, un objet…

→ *Anthony est un garçon respectueux.*

- Les compléments du nom apportent une précision et sont souvent introduits par une préposition (*à*, *de*, *pour*, *devant*, *sans*…).

→ *La maison de mes grands-parents est proche..*

- Les propositions subordonnées relatives : elles complètent le nom et sont toujours introduites par un pronom relatif (*qui*, *que*, *dont*, *lequel*, *où*…).

→ *J'ai lu un roman d'analyse qui m'a passionné.*

3 Éviter les répétitions

- Les substituts lexicaux ou pronominaux évitent les répétitions de noms de personnes, de lieux…

→ *Elsa adore les romans d'aventure. Pour* elle, *c'est l'évasion assurée.*
(elle : substitut pour Elsa)

Elsa adore les romans d'aventure. Pour l'adolescente, *c'est l'évasion assurée.*
(l'adolescente : substitut pour Elsa)

- Les périphrases ou expressions imagées permettent aussi d'éviter les répétitions, elles servent également à décrire ou définir un mot.

→ *Le cinéma est un art original. En effet, le grand écran fait entrer le spectateur dans une histoire.*

Exercice 1 ●○○

Remplacez le verbe souligné par un verbe plus précis. Vous pouvez donner plusieurs réponses.

a. L'horloger **a** le plus beau métier au monde.
b. J'**ai** des difficultés pour terminer ce travail.
c. Cette association **a** un but bien précis.
d. Votre geste irréfléchi **a** des graves conséquences.
e. J'ai **fait** le travail demandé : ponçage de la fenêtre et finitions de l'escalier.
f. L'auteur **fait** de nombreuses descriptions dans ses romans.
g. Il est temps de **faire** cesser ce conflit.
h. Pour terminer, le pâtissier **met** toujours des décorations sur ses gâteaux.
i. Les élèves **mettent** en place leurs travaux pour la porte ouverte de ce week-end.

Exercice 2 ●○○

Remplacez le mot « chose » ou la locution « quelque chose » par un mot plus précis.

a. Vous rangez et nettoyez les choses avant de partir.
b. Le théâtre est une chose populaire.
c. Cette semaine, il se passa quelque chose de bizarre dans l'entreprise.
d. Il ne lui arrivait que des choses désagréables.
e. Je ne comprends pas certaines choses en grammaire.
f. Les stagiaires estimaient que les choses qu'on leur proposait étaient difficiles.
g. Quelle chose vous a donc piqué ?

Exercice 3 ●●○

Relevez les expansions du nom : il peut s'agir d'un adjectif qualificatif, un complément du nom ou d'une proposition subordonnée relative.

Il m'a remarqué en hochant la tête, et, tandis que je m'éloignais de la gare, silencieusement, droit devant moi, j'ai vu sa voiture noire faire le tour de la plate-forme, descendre par la pente bordée de parapets, disparaitre par la rue déserte en bas.

Les hauts réverbères éclairaient de lumière orange les enseignes éteintes, les hautes façades sans volets, où toutes les fenêtres étaient obscures, où toutes les vitrines étaient fermées, où rien ne signalait un hôtel.

Les rares personnes que je croisais semblaient se hâter, comme s'il ne restait plus que quelques instants avant un rigoureux couvre-feu.

Michel Butor, *L'emploi du temps*, 1956, Éd. de Minuit.

Exercice 4 ●●○

Compétez chaque pointillé par une expansion du nom.

a. Il est dix heures moins le quart quand le patron… arrive : un… homme dans la soixantaine, tout en peau et en os avec un visage… Son crâne… garde la marque… de la casquette en… qu'il enlève et va poser dans la… pièce… prolongeant la salle… sans…

Bernard Clavel, *L'homme du Labrador*.

b. La vue de la… Bretonne… faisait son humble ménage éveillait en elle des regrets… et des rêves…

Guy de Maupassant, *La parure*, 1884.

c. Fils … de province, Jean Marin était venu faire son droit au quartier Latin.

Guy de Maupassant, *Le protecteur*, 1884.

Exercice 5 ●●○

Remplacez chaque répétition par une expression imagée ou un substitut.

Le film *Pirates des Caraïbes* se déroule dans la mer des Caraïbes. Jack Sparrow voit sa vie idyllique basculer. Jack Sparrow arrête ses voyages, le jour où son ennemi, le perfide Capitaine Barbossa, lui vole son bateau. Jack Sparrow se lance alors dans un long voyage aux trousses du capitaine Barbossa, pour récupérer son bateau.

Exercice 6 ●●●

1. Dans cette réponse d'élève, relevez les maladresses.
2. Modifiez le travail de façon à l'améliorer. Employez des mots précis, supprimez les répétitions, ajoutez des expansions du nom.

Le romancier dans son roman nous fait voir le monde du travail au Japon à travers les yeux de Socko. Socko dit qu'elle passe beaucoup de temps dans son entreprise. Socko dit qu'elle n'ose pas prendre de vacances. Socko a peur. À la fin de la journée, elle a toujours rendez-vous avec ses collègues. C'est une tradition, Socko n'a pas le choix.

Le roman est donc un roman réaliste car il y a beaucoup de choses réelles mais on connaît également les doutes de Socko.

La phrase active, passive ou impersonnelle

Pour raconter un événement, on peut choisir de mettre en valeur celui qui fait l'action : on emploie dans ce cas la voix active. Mais on peut aussi choisir de mettre en avant celui qui la subit : on emploie alors la voix passive.

1 La phrase active

- Dans une phrase active, le sujet fait l'action. Souvent placé en début de phrase, c'est lui qui retient l'attention. Placé en début de phrase, il est ainsi mis en valeur.
  → *<u>Les économistes</u> prennent au sérieux la menace d'une hausse de prix du pétrole.*

2 La phrase passive

- **La construction de la phrase à la voix passive**

Dans une phrase à la voix passive, le sujet est présenté comme subissant l'action.
→ *<u>La hausse de prix du pétrole</u> est une surprise pour les économistes.*

- Très souvent, le sujet de l'action est présent, dans la phrase passive, sous la forme d'un complément d'agent, introduit par « pour », « de » ou « par ».
- **La conjugaison des verbes à la voix passive**

	Voix active	Voix passive
Présent	*J'aime*	*Je suis aimé(e)*
Passé composé	*J'ai aimé*	*J'ai été aimé(e)*
Imparfait	*J'aimais*	*J'étais aimé(e)*
Passé simple	*J'aimai*	*Je fus aimé (e)*
Futur simple	*J'aimerai*	*Je serai aimé(e)*
Conditionnel	*J'aimerais*	*Je serais aimé (e)*

3 La phrase impersonnelle

- La phrase impersonnelle efface le sujet de l'action pour le remplacer par un « il » impersonnel, c'est-à-dire qui ne renvoie à personne. Les verbes météorologiques par exemple utilisent toujours une construction impersonnelle (*il pleut, il vente, il neige…*). Mais on peut également construire une phrase de manière impersonnelle.
  → *Feux de forêts en Corse : <u>il court</u> des bruits étranges dans le maquis.*

Exercice 1 ●○○

Identifiez dans la liste suivante les phrases actives, passives ou impersonnelles.

a. « Le pas et les fusils de plusieurs soldats retentirent sur le pavé caillouteux ». (Balzac)
b. Les marchandises ont été déchargées, rangées et stockées par les ouvriers.
c. Scandale des paris truqués : « Des poursuites seront engagées ».
d. À treize heures, toutes les salles étaient fermées, les couloirs et le CDI déserts.
e. Le président de la République est élu pour un mandat de cinq ans.
f. Les demandes de poursuite d'étude sont examinées par un jury.
g. « C'était un endroit où il était impossible de pénétrer, sauf pour affaire officielle. » (Orwell)

Exercice 2 ●●○

1. Repérez à quelle forme est écrite chaque phrase.
2. Transformez la phrase active en phrase passive et la phrase passive en phrase active.

a. On attend des millions de visiteurs au Salon de l'Automobile.
b. Les derniers épisodes de *Game of Thrones* ont été traduits en français par des internautes.
c. Le patron a mis fin au stage.
d. Cette couleur sera reprise par des experts.
e. Le professeur explique des points de grammaire aux étudiants.
f. Les nouvelles techniques ont été mises au point par ces stagiaires.

Exercice 3 ●●●

1. Dans les deux extraits, repérez les phrases passives.
2. Expliquez leur emploi par l'écrivain.

Extrait 1

Cela fait déjà un certain temps que l'on clone des gènes et des cellules pour en faire des médicaments, des animaux pour faire renaitre des espèces disparues, en sauvegarder d'autres en voie d'extinction, ou améliorer les performances de certaines races, sans que ces pratiques posent problème.

Laurent Degos, *Cloner est-il immoral ?*, 2002.

Extrait 2

Les livres qu'il trouva dans les cabines de l'épave avaient tellement été lavés par l'eau de mer et la pluie que le texte imprimé en était effacé, mais Robinson pensa qu'en faisant sécher ses pages blanches au soleil, il pourrait les utiliser pour écrire son journal, à condition de trouver un liquide pouvant tenir lieu d'encre. Ce liquide lui fut fourni par un poisson.

Michel Tournier, *Vendredi ou la vie sauvage*, Éd. Gallimard, 1982.

Exercice 4 ●●●

Rédigez un texte afin d'expliquer les différentes étapes de la fabrication d'un violon. Employez des phrases à la voie passive. Débutez votre texte avec la phrase suivante : *Le violon est fabriqué par le luthier. Il....*

1re étape : le fond du violon
Collez deux planches de bois d'érable.
À l'aide d'un patron en forme du violon, découpez et rabotez afin d'obtenir la forme souhaitée.

2e étape : les éclisses
Fixez au fer chaud de fines bandes d'érables humidifiées.

3e étape : l'avant du violon
Façonnez et collez sur la partie précédente.
Découpez deux fentes, les ouïes, pour le son.

4e étape : le manche
Sculptez le manche et la tête puis assemblez-les au violon.
Percez des trous coniques pour glisser les cordes.

5e étape : les finitions
Passez cinq couches de vernis.
Polissez à l'huile pour obtenir une surface brillante et lisse.

Comment construire une explication

L'explication sert à faire comprendre un procédé de style, le fonctionnement d'un mécanisme ou d'un système. Lors de la présentation orale de votre chef d'œuvre, vous vous trouvez en situation d'explication. Pour être compris, respectez plusieurs étapes.

1 Organisez votre explication en trois étapes

• La question initiale
L'objectif de l'explication est d'exposer ce qui fait problème. On pose la question. Cette question, formulée clairement, est sous un forme directe ou indirecte.
→ *Pourquoi l'auteur alterne-t-il divers points de vue ?* Interrogation directe
Vous me demandez pourquoi j'ai choisi ce projet de chef d'œuvre. Interrogation indirecte

• La réponse à la question
Une fois la question posée, on répond à la question, en une phrase.
→ *L'auteur emploie divers points de vue afin de rythmer son récit. En effet, il…*
J'ai choisi ce projet de chef d'œuvre pour trois raisons…

• L'explication de la réponse
Le texte se poursuit par la progression du raisonnement qui clarifie peu à peu la réponse à la question. On détaille sa réponse point par point.
→ *En effet, il commence avec un point de vue interne, ce qui permet de rendre compte des pensées du personnage principal Fréderic.*
En effet, ce chef d'œuvre s'inscrit exactement dans le métier que je voudrais exercer…

2 Utilisez des connecteurs

Les connecteurs, qui lient les idées entre elles, organisent les relations logiques entre les diverses informations : *parce que, en conséquence, en outre…*
- **La progression :** *d'abord, ensuite, enfin, et, puis…*
- **La causalité :** *car, puisque, parce que, du fait que…*
- **La conséquence :** *donc, par conséquent, de sorte que, si bien que…*

3 Comparez et définissez

• La comparaison
La comparaison est une manière de construire une représentation mentale de ce qui est expliqué. On rapproche un élément connu pour faire comprendre au lecteur ou au jury ce qu'il ne connaît pas.

• La définition
La définition de certains mots est nécessaire pour que l'explication soit claire. Il faut éviter l'emploi du moindre mot obscur pour le lecteur. On peut ainsi ajouter une courte définition après le mot.

Exercice 1 ●○○

Distinguez les trois phases de l'explication : la question, la réponse, la démonstration.

Comment faire un textile connecté ? Un textile est un matériau multicouche formé de fils qui s'entrecroisent. Chaque fil est lui-même formé de plusieurs fibres d'un ou plusieurs matériaux. Pour être connecté, un textile nécessite d'être équipé de plusieurs systèmes embarqués : une source d'énergie, des capteurs. De plus, il faut des systèmes de conduction et de transfert de données.

Matthieu Combe, *La révolution des textiles intelligents*, Techniques de l'ingénieur, février 2018.

Exercice 2 ●●○

1. **Quel est le thème du texte ?**
2. **Les explications permettent à l'auteur d'exprimer un jugement. Quel est ce jugement ? Justifiez votre réponse.**
3. **Complétez le texte avec le procédé indiqué à chaque fois entre parenthèses.**

Pourquoi sommes-nous sidérées par la beauté des costumes de Christian Lacroix ? Le couturier a créé des costumes pour le théâtre d'un art stupéfiant. Parlons *(connecteur)* des matières. Ce sont de véritables *(comparaison)* d'êtres imaginaires, taillés dans des étoffes, des métaux, des couleurs, d'un prodigieux éclat. *(Connecteur)* la force de ces costumes est qu'ils prennent des formes changeantes.

Michel Cournot, *Le Monde*, 16 décembre 1995.

Exercice 3 ●○○

Repérez le procédé utilisé pour faire comprendre l'explication : une comparaison ou une définition.

a. La calomnie est comme la guêpe qui vous importune, et contre laquelle il ne faut faire aucun mouvement, à moins qu'on ne soit sûr de la tuer, sans quoi elle revient à la charge, plus furieuse que jamais.

Nicolas Chamfort, *Maximes, pensées et anecdotes*, 1795.

b. Pas facile de savoir si le chat rêve de souris appétissantes… A t-il un cerveau en ébullition pendant son sommeil ? Selon l'équipe dirigée par le Pr. Jouvet, il est fort probable que les chats, comme tous les animaux à sang chaud, ont aussi leur cinéma interne.

Revue Science et Vie Junior.

EXERCICE BILAN

À l'aide de l'affiche, rédigez un texte expliquant les inquiétudes et les angoisses d'un créateur de bande dessinée.
1er paragraphe : *Quelle est ma première difficulté ? …*
2e paragraphe : *Quelles sont mes autres angoisses ? …*
3e paragraphe : *Enfin, …*

Liberté • Égalité • Fraternité
RÉPUBLIQUE FRANÇAISE
Ministère
Culture

Affiche de l'année de la bande dessinée.

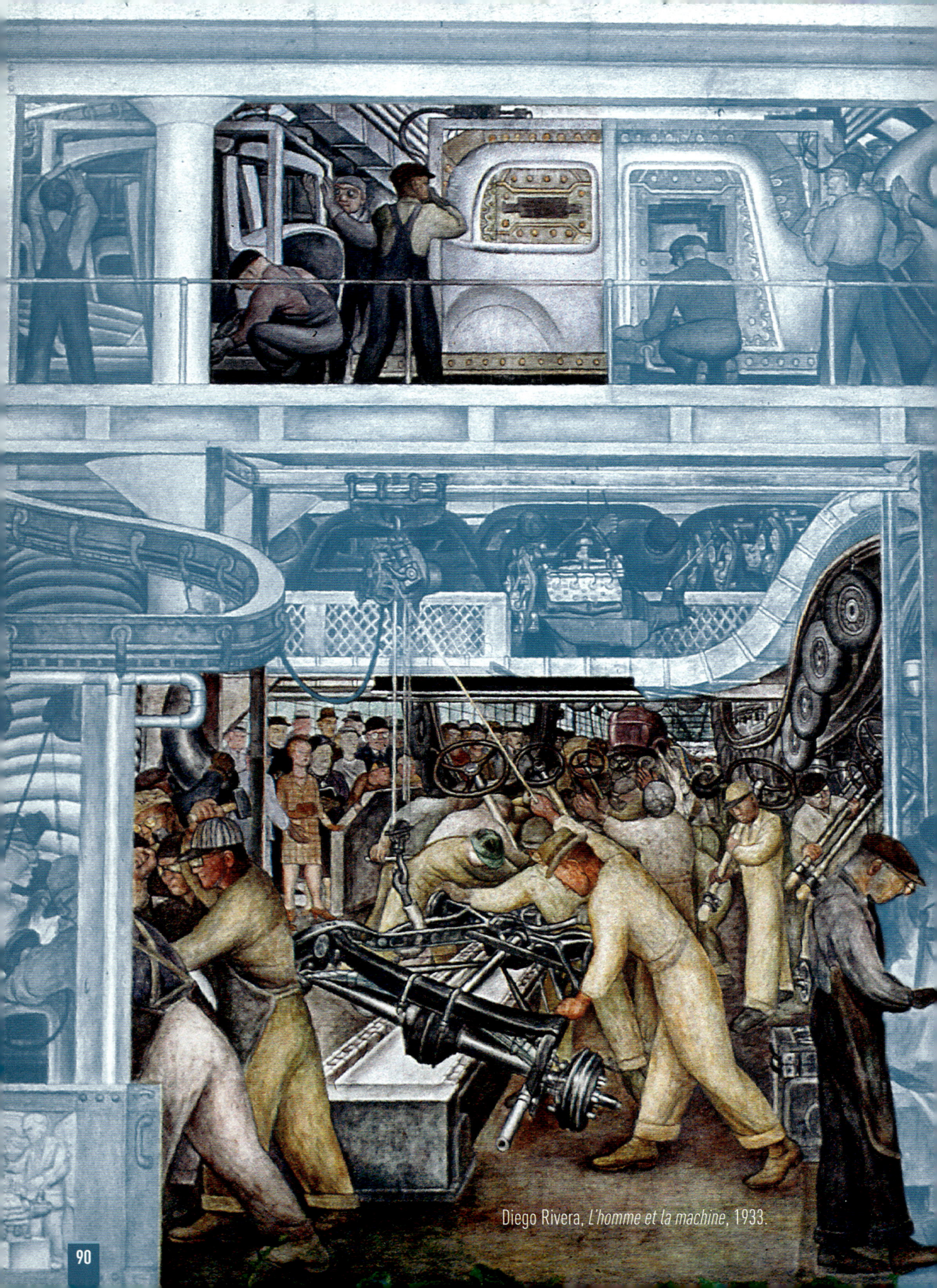
Diego Rivera, *L'homme et la machine*, 1933.

OBJET D'ÉTUDE
TERMINALE

Vivre aujourd'hui : l'humanité, le monde, les sciences et la technique

SÉQUENCE 7

Vivre ensemble avec nos différences

L'humanité est faite d'une pluralité de cultures et d'individus. Malgré les différences qui peuvent parfois nous séparer, il est important de prendre conscience de ce qui nous relie aux autres. La solidarité, le partage sont des valeurs fondamentales.

Comment dépasser les différences pour vivre ensemble ?

TEXTE 1

Marie-France, la mère du narrateur, vit seule dans une grande maison, à Paris. Un soir, elle écoute une émission de radio. Un jeune homme présente une association d'aide aux migrants.

« Si on peut, on doit. » Cette phrase provoque un électrochoc chez ma mère. Elle se dit qu'elle ne peut plus ne rien faire. Elle a la chance d'avoir une grande maison et la possibilité d'accueillir quelqu'un chez elle.

Elle attrape un morceau de papier sur sa table de nuit et note le nom de l'association : Singa.

Le lendemain matin, elle se branche sur Internet pour en savoir plus. Le site de l'association est bien présenté, très clair, et inspire confiance. Elle clique sur la case « Je souhaite accueillir quelqu'un chez moi ». [...]

Elle appelle le numéro inscrit sur le document pour obtenir des précisions sur les délais de réponse. La personne sur qui elle tombe l'accueille d'un « Ouah, t'es super ! ». De tout évidence, elle a affaire à des jeunes, ce qu'elle trouve à la fois sympathique et un peu inquiétant. Où a-t-elle mis les pieds ? Elle est partagée entre la satisfaction d'être passée à l'acte et le doute de s'être engagée dans quelque chose qui risque de la dépasser. Elle se demande si elle n'est pas complétement folle. A-t-elle vraiment envie d'avoir un inconnu dans sa maison ?

Benoit Cohen, *Mohammad, ma mère et moi*,
Éd. Flammarion, 2018.

TEXTE 2

D'origine congolaise, Alain Mabanckou raconte son arrivée en France et sa découverte d'un nouveau pays.

Je m'accoutumais peu à peu à ma nouvelle vie d'étudiant malgré des changements radicaux. Au pays, nous avions en classe une attitude plutôt « offensive ». Lors des présentations orales, par exemple, chacun cherchait par tous les moyens à contredire les auteurs de l'exposé. Ce que n'allaient pas forcément apprécier nos camarades français, dont l'angoisse à l'idée de parler en public se mesurait à la rougeur de leurs pommettes. De plus, la langue que nous utilisions était raillée[1] aussi bien en cours qu'au restaurant universitaire. On n'employait plus l'imparfait du subjonctif, en France… Or nous y tenions comme à la prunelle de nos yeux ! De notre côté, la langue des autochtones[2] nous paraissait pauvre, pervertie par une paresse insolente.

Alain Mabanckou, *Le Sanglot de l'homme noir*,
Éd. Fayard, 2012.

1. **Raillée** : moquée.
2. **Autochtones** : personnes originaires du pays même où elles habitent.

TEXTE 3

Patrick Chamoiseau et Édouard Glissant rappellent la richesse des échanges entre les peuples et la nécessité d'abattre tout ce qui nous sépare.

La notion même d'identité a longtemps servi de muraille : faire le compte de ce qui est à soi, le distinguer de ce qui tient de l'autre, qu'on érige alors en menace illisible, empreinte de barbarie. Le mur identitaire a donné les éternelles confrontations de peuples, les empires, les expansions coloniales, la traite des nègres, les atrocités de l'esclavage américain et tous les génocides. Le côté mur de l'identité a existé, existe encore, dans toutes les cultures, tous les peuples […]. Les cultures, les civilisations et les peuples se sont quand même rencontrés, fracassés, mutuellement embellis et fécondés, souvent sans le savoir.

La moindre invention, la moindre trouvaille, s'est toujours répandue dans tous les peuples à une vitesse étonnante. De la roue à la culture sédentaire. Le progrès humain ne peut pas se comprendre sans admettre qu'il existe un côté dynamique de l'identité, et qui est celui de la relation.

Patrick Chamoiseau et Édouard Glissant, *Les Murs*, Institut du Tout-monde, revue *Les Périphériques*, 2007.

DOCUMENT 4

Affiche de l'exposition organisée en 2019 par le Musée d'art contemporain du Val-De-Marne, en partenariat avec le Musée de l'histoire de l'immigration.

Questions

Découverte

- Quelle est l'idée commune à l'ensemble des documents ?
- Est-il facile de dépasser les différences et les préjugés ?

Analyse

1. Dans le texte 1, en quoi la phrase entendue à la radio agit sur Marie-France comme un électrochoc ? Expliquez sa signification.
2. Quelles questions Marie-France se pose-t-elle après avoir envoyé son inscription ? Comprenez-vous ses interrogations ?
3. Qu'est-ce qui étonne le plus Alain Mabanckou à son arrivée en France (texte 2) ?
4. « La notion même d'identité a longtemps servi de muraille » peut-on lire dans le texte 3. Expliquez le sens de cette phrase.
5. En quoi les relations entre les peuples ont-elles été à l'origine de progrès ?
6. L'expression latine « persona non grata » désigne une personne qui n'est pas la bienvenue. Que signifie le titre de l'exposition (document 4) ? En quoi l'image de l'affiche illustre-t-elle ce titre ?

Vers le Bac

Les marques de l'énonciation

Étudier l'énonciation permet de mieux percevoir le sens et les enjeux d'un texte. L'ensemble des circonstances dans lesquelles un énoncé est produit s'appelle la situation d'énonciation.

Se poser les questions : Qui parle ? (l'énonciateur). À qui s'adresse-t-il ? (le destinataire). Où et quand se passe l'énonciation ? Quel est le sujet du texte ?

Identifier les indices de la personne. Rechercher les pronoms personnels et les adjectifs possessifs, les indices spatio-temporels (adverbes, temps des verbes, noms de lieux), les modalisateurs (termes qui traduisent le point de vue de celui qui s'exprime).

Question : Qui est le narrateur dans le texte 1, *Mohammad, ma mère et moi ?* Comment s'appelle un récit dont le narrateur est, à la fois, l'auteur et le personnage de l'histoire ?

Compétences de lecture

Étudier l'énonciation dans un texte

Répondez à la question ci-dessous. Après avoir observé le texte, relevez les marques de la personne, les indices spatio-temporels ainsi que les modalisateurs. Rédigez ensuite un paragraphe dans lequel vous mettez en évidence le décalage entre les étudiants venus d'Afrique et les autres. Aidez-vous des indices que vous avez relevés.

Question. Quelle est la situation d'énonciation dans le texte 2 ?

Orientation BTS

La synthèse

Écrivez un texte d'une dizaine de lignes maximum dans lequel vous présentez le corpus. Annoncez tout d'abord le thème général et l'idée commune aux quatre documents. Identifiez ensuite chacun d'entre eux, son titre, sa nature, la date à laquelle il a été écrit, ainsi que l'intention de son auteur. Enfin, proposez une problématique possible sous la forme d'une question.

Lecture

Fernand Braudel

Fernand Braudel (1902-1985) est un historien reconnu dans le monde entier pour son approche novatrice de l'histoire. Il associe à l'étude de l'histoire les autres sciences humaines comme l'économie, la géographie, la sociologie. Dans *Grammaire des civilisations*, un manuel destiné à un jeune public publié en 1963, il s'intéresse aux apports des grandes civilisations à travers le monde. Ses travaux sur le monde méditerranéen font encore aujourd'hui référence.

Vers le Bac

La valeur d'un mot

La dénotation et la connotation d'un mot. La dénotation indique le sens premier d'un mot, celui que l'on trouve dans le dictionnaire.

La connotation est le sens du mot en fonction de son contexte et des références culturelles auxquelles il peut être associé. Exemple : *blanc* peut faire référence à l'idée de pureté, d'innocence.

Le lexique mélioratif. Les mots mélioratifs donnent une image positive et valorisent ce dont on parle. Le suffixe « -issime » et le préfixe « extra- » sont mélioratifs. Exemples : *grandissime, extraordinaire.*

Le lexique péjoratif. Les mots péjoratifs au contraire expriment un point de vue défavorable et dévalorisant. Les suffixes « -ard », « -asse » « -âtre » sont péjoratifs. Exemples : *vantard, rêvasser, blanchâtre.*

Question : Léonora Miano dit que ses compatriotes l'ont toujours considérée comme « étrange » et « étrangère ». Ces mots ont-ils une connotation péjorative ou méliorative ?

Une humanité riche de sa diversité

La pluralité des cultures et des individus demande à être respectée et protégée car elle est l'expression d'une même humanité. Cette diversité culturelle est une richesse en termes de savoirs, de compétences et de traditions. Elle constitue une force pour l'avenir.

TEXTE 1

Dans L'Identité de la France, *Fernand Braudel aborde les enjeux majeurs auxquels la France d'aujourd'hui est confrontée.*

Regardons la foule dans le métro (parisien) ou dans les rues de villes comme Lyon, Marseille, Lille ou Grenoble, dit un sociologue, Augustin Barbara. L'extrême diversité des visages et des types humains révèle la grande richesse de cette population et en même temps le ridicule des slogans qui veulent « mettre les étrangers dehors ». La population française est un tissu composé de plusieurs ethnies, de plusieurs peuples régionaux rassemblés, auxquels se sont joints, par les différentes immigrations depuis plus d'un siècle, des étrangers d'Europe ou de pays plus lointains. Tant d'« immigrés », depuis si longtemps, depuis notre Préhistoire jusqu'à l'histoire très récente, ont réussi à faire naufrage[1] sans trop de bruit dans la masse française que l'on pourrait dire, en s'amusant, que tous les Français, si le regard se reporte aux siècles et aux millénaires qui ont précédé notre temps, sont fils d'immigrés.

Fernand Braudel, *L'Identité de la France*, tome 2, Éd. Flammarion, 1986.

1. **Faire naufrage** : expression imagée qui signifie « s'intégrer ».

TEXTE 2

Habiter la frontière *est un recueil de conférences que Léonora Miano, écrivaine franco-camerounaise, a donné entre 2009 et 2011.*

Née au Cameroun, pays dont les langues officielles sont le français et l'anglais, avec des dizaines de langues locales, j'ai grandi dans un environnement qu'on dira acculturé[1], puisqu'on n'y parlait que le français. Pourtant, l'Afrique, terre puissante, extrême, n'a eu aucun mal à pénétrer cette bulle, pour la marquer de son empreinte. Elle était dans la famille élargie qui avait conservé des usages anciens, dans les comptines que chantait ma grand-mère, dans l'odeur de la terre, dans le mouvement des êtres et des choses, dans la qualité de la lumière, dans la fureur des orages tropicaux, dans les voix des gens dans la rue, dans les fleurs qui ne poussent que là-bas, dans les jeux, dans le peigne qui crissait dans mes cheveux lorsqu'on me tressait, dans les superstitions, dans l'alimentation, dans la langue que parlaient les adultes, lorsqu'ils ne voulaient pas être compris des enfants.

Ce continent a donc nourri mon imaginaire, autant que des éléments venus d'ailleurs l'ont fait. Je pense à la musique de jazz qu'écoutait mon père, à la bibliothèque de mes parents, aux vieilles comédies musicales américaines ou aux dessins animés japonais que mes sœurs et moi regardions… Si mes compatriotes m'ont toujours perçue comme étrange, étrangère, ils n'ont pas pu me faire douter de mon africanité. Très tôt, ce qu'ils m'ont fait comprendre, c'était que leur monde n'était qu'en partie le mien. Je suis, depuis toujours, une Afro-occidentale parfaitement assumée, refusant de choisir entre ma part africaine et ma part occidentale.

Léonora Miano, *Habiter la frontière*,
L'Arche éditeur, 2012.

1. **Acculturé** : adapté à une autre culture.

Gérard Fromanger, *En chine à Hu-Xian*, huile sur toile, 1974.

DOCUMENT 3

Questions

Découverte

- En quoi sommes-nous tous différents les uns des autres ?
- Nos différences nous éloignent-elles ou nous rapprochent-elles ?

Analyse

1 Selon Fernand Braudel (texte 1), quel constat peut-on faire lorsque l'on regarde la foule dans les rues des grandes villes ? Que veut-il ainsi nous démontrer ?

2 Comment la population française s'est-elle constituée ?

3 Le Cameroun a le français et l'anglais comme langues officielles. En quoi cela pose-t-il la question de l'identité (texte 2) ?

4 Léonora Miano revendique une double culture. Comment s'expriment sa part africaine et sa part occidentale ? Relevez des exemples précis.

5 Quel rôle sa famille a-t-elle joué dans la transmission de cette double culture ?

Compétences d'écriture

Utiliser un lexique adapté à l'argumentation

Rédigez un texte dans lequel vous commentez le tableau de Gérard Fromanger. Aidez-vous de la rubrique « Vers le Bac » pour utiliser le lexique le mieux adapté.

Décrivez d'abord la scène, les personnages et la situation. Commentez ensuite le choix des couleurs, la technique et les effets produits. Terminez en donnant votre avis sur l'œuvre.

Orientation BTS

L'écriture personnelle

Analysez le sujet d'écriture personnelle.

1. Repérez les mots-clés. **2.** Précisez de quoi parle le sujet. **3.** Reformulez-le avec vos propres mots.

Sujet. En quoi la diversité des cultures est-elle une richesse pour l'humanité ?

Lecture

Annie Ernaux

Née en 1940, d'abord professeur de lettres puis écrivaine, Annie Ernaux est une figure importante du féminisme. Née dans une famille modeste en Normandie, elle s'inspire de ses expériences les plus personnelles pour construire une œuvre, pour l'essentiel, autobiographique. À la manière d'une sociologue, elle s'interroge sur la place de la femme dans la société. Annie Ernaux est une femme engagée.

Vers l'égalité hommes-femmes

Les femmes travaillent, occupent des postes à responsabilités, s'engagent en politique, pratiquent des sports jusqu'alors réservés aux hommes. Les mentalités évoluent, les préjugés reculent, mais le combat pour l'égalité demeure plus que jamais d'actualité.

TEXTE 1

Dans ce roman largement autobiographique, la narratrice raconte sa condition de jeune épouse.

Un mois, trois mois que nous sommes mariés, nous retournons à la fac, je donne des cours de latin. Le soir descend plus tôt, on travaille ensemble dans la grande salle. […]. L'image attendrissante du jeune couple moderno-intellectuel. Qui pourrait encore m'attendrir si je me laissais faire, si je ne voulais pas chercher comment on s'enlise, doucettement. En y consentant lâchement. D'accord je travaille La Bruyère ou Verlaine dans la même pièce que lui, à deux mètres l'un de l'autre. La cocotte-minute, cadeau de mariage si utile vous verrez, chantonne sur le gaz. Unis, pareils. Sonnerie stridente du compte-minutes, autre cadeau. Finie la ressemblance. L'un des deux se lève, arrête la flamme sous la cocotte, attend que la toupie folle retentisse, ouvre la cocotte, passe par le potager et revient à ses bouquins en se demandant où il en était resté. Moi. Elle avait démarré la différence.

Annie Ernaux, *La Femme gelée,* Éd. Gallimard, 1981.

Vers le Bac

Le contexte de l'écriture

L'auteur dans son époque. Un auteur est influencé par des événements qui se produisent et auxquels il réagit. Une œuvre ne peut être dissociée du contexte dans lequel elle a été créée.

Les références culturelles. Souvent l'œuvre s'inscrit dans un mouvement littéraire ou artistique. Elle est aussi le reflet de la culture personnelle de l'auteur et de ses centres d'intérêt.

Question. Dans quel contexte social et historique le texte 1 a-t-il été écrit ? Faites référence à la condition de la femme telle qu'Annie Ernaux la décrit.

TEXTE 2

Dans cet essai intitulé XY, *Elisabeth Badinter analyse la construction de l'identité masculine et ce que signifie « être un homme ».*

Il est temps que les hommes comprennent que l'idéal viril se paie au prix fort et que la masculinité ne deviendra moins dangereuse pour notre santé que lorsqu'on cessera de la définir par opposition à la féminité. Il est urgent d'enseigner aux garçons un autre modèle viril qui fasse place à la reconnaissance de la vulnérabilité[1]. « Les garçons doivent apprendre à exprimer leurs émotions, à demander de l'aide, à être maternels, coopératifs et résoudre les conflits de façon non violente ; à accepter attitudes et comportement traditionnellement étiquetés féminins comme nécessaires au développement de tout être humain – donc à réduire homophobie et misogynie[2]. Ce qui revient à dire qu'il faut apprendre à aimer d'autres garçons et les filles. »

Elisabeth Badinter, *XY, de l'identité masculine,*
Éd. Odile Jacob, 1992.

1. **Vulnérabilité** : fragilité.
2. **Misogynie** : sentiment de mépris ou d'hostilité envers les femmes.

TEXTE 3

Alors que la grande majorité de ses licenciés et supporters sont des hommes, le football connaît une phase de transition vers plus de mixité et d'égalité femmes-hommes.

Aujourd'hui encore, on conditionne les enfants à une vision figée de la biologie et de leurs prétendus « goûts innés » : les garçons aimeraient la compétition et les sports de contact alors que les filles préféreraient les sports esthétiques de distanciation physique, comme la danse, par exemple. Dans leur maîtrise de l'apparence, les femmes seraient moins musclées, elles se fatigueraient plus vite… alors que c'est faux ! Tout dépend de la préparation physique.

Dans un contexte général où le lien social est fragilisé, nous faisons face à un enjeu démocratique immense. Sans oublier l'enjeu de santé publique de lutte contre la sédentarité. L'idée n'est pas de revendiquer l'égalité parfaite tout de suite ni la mixité à tout prix : il s'agit simplement de donner aux filles les conditions de pouvoir décider de pratiquer le foot sans craindre de se sentir illégitimes. C'est une question de vivre ensemble.

Marie-Cécile Naves, sociologue, *Le Monde.fr*, juin 2018.

DOCUMENT 4

Affiche de la fédération française de football à l'occasion de la coupe du monde féminine 2019.

Affiche d'un match de football masculin en 2019.

Questions

Découverte

- Peut-on dire, selon vous, que la femme soit devenue l'égale des hommes ?
- Depuis 1981, date de parution du roman d'Annie Ernaux, la condition de la femme a-t-elle évolué ?

Analyse

1 Dans l'extrait de *La femme gelée* (texte 1), la narratrice relate sa vie quotidienne. Quel détail montre que l'égalité au sein du couple n'est pas encore acquise ?

2 Pour Élisabeth Badinter (texte 2), la masculinité s'oppose-t-elle à la féminité ?

3 Les garçons, selon elle, doivent suivre un autre modèle viril. Que doivent-ils changer dans leur comportement ?

4 En quoi la sociologue (texte 3) remet-elle en cause les stéréotypes de genre qui touchent le sport ?

5 Pourquoi, selon la sociologue Marie-Cécile Naves, le fait que les filles puissent pratiquer le football comme les garçons est « un enjeu démocratique immense » ?

6 Faites les recherches Internet nécessaires pour répondre aux questions suivantes : quelles sont les dates-clés du féminisme au 20ᵉ siècle ? Quelles sont les principales figures de ce mouvement ?

Site web
liennathan.fr/6m5a2t

Compétences d'écriture

Situer une œuvre dans son contexte

Répondez à la question ci-dessous. Appuyez-vous sur vos recherches concernant le mouvement féministe et l'évolution de la place de la femme dans la société. Faites également référence à des éléments précis des deux images.

Question. En quoi la confrontation des deux affiches (thèmes, scène représentée, construction) montre-t-elle deux mentalités et deux conceptions différentes ?

Orientation BTS

La synthèse

Recherchez dans chaque document du corpus les arguments et les exemples qui permettent de répondre à la question ci-dessous. Complétez votre recherche en trouvant deux exemples personnels qui vont dans le même sens.

Question. En quoi l'égalité entre les hommes et les femmes est-elle une valeur fondamentale du « vivre ensemble » ?

Reformuler les idées principales d'un auteur

La reformulation consiste à répéter quelque chose en utilisant d'autres mots que ceux qui ont été écrits ou prononcés. Pour reformuler les idées d'un auteur, par exemple pour les simplifier ou les raccourcir, il faut remplacer les mots utilisés au moyen de termes équivalents. Et ainsi montrer que les idées essentielles ont été comprises.

Reformuler une idée

1 *Posez-vous les questions suivantes*

- Quel est **le système d'énonciation** choisi par l'auteur ? (qui parle à qui ?)
- Quel est **le thème** de la phrase ou du passage ? (de quoi parle-t-on ?)
- Quelle est **la thèse** défendue par l'auteur ? (qu'en pense-t-il ?)

2 *Travaillez sur le texte*

- **Relisez chaque phrase lentement** en traçant une barre verticale entre chaque étape du raisonnement.
- **Encadrez les connecteurs** utilisés par l'auteur.
- **Surlignez les mots et expressions-clés** qui résument chaque phrase.

3 *Rédigez votre reformulation*

- **Ne recopiez pas de passages du texte** mais conservez seulement les mots les plus importants de l'auteur.
- **Utilisez des substituts lexicaux** (synonymes, périphrases) pour reformuler les tournures et le vocabulaire de l'auteur.
- **Relisez** votre travail tout en conservant le texte à reformuler sous les yeux.

Exercice 1 ●○○

1. Combien de phrases le texte comporte-t-il ? Et sa reformulation ?
2. Quels mots-clés ont été conservés ? Que montrent le connecteur encadré ?
3. Relevez trois mots ou expressions-clés et retrouvez leur reformulation.

Le texte

Les données météorologiques dont nous disposons depuis 1850 environ, nous montrent qu'un échauffement général de la planète est en cours. [...] Depuis cette époque, nous disposons donc d'archives quantitatives continues, qui nous permettent de savoir si le climat a significativement changé. L'étude approfondie de ces archives nous montre qu'en un siècle et demi, les basses couches de l'atmosphère se sont échauffées, en moyenne sur le globe, de 0,6 à 0,7 degré.

Robert Sadourny, *Le climat est-il devenu fou ?* FNPF, Éd. Le Pommier, 2002.

La reformulation des idées essentielles

En France, l'apparition de la météorologie, dans la seconde moitié du XIXe siècle, a permis de mesurer de manière régulière l'évolution du climat. De plus, les données qui ont été conservées mettent ainsi en évidence que le climat est en train de se modifier : nous assistons à un réchauffement des températures observées sur la surface de la Terre.

Exercice 2 ●○○

1. Quels sont les mots-clés contenus dans chacune des phrases suivantes ?
2. Repérez le connecteur dans chaque phrase. Quelle information donne-t-il ?

a. Grace à Internet, le savoir est d'abord devenu accessible à tous en quelques clics.
b. Les réseaux sociaux semblent gratuits à ceux qui les utilisent, mais la publicité et le recueil des données leur assurent des profits considérables.
c. Wikipédia est devenue incontournable, car cette encyclopédie moderne donne à chacun la possibilité de se renseigner ou de diffuser son savoir.

Astuce : trouver des synonymes.

Plus rapide qu'un dictionnaire, le clic droit de votre souris, lorsque vous utilisez un traitement de texte, vous permet d'accéder aux synonymes du mot sur lequel est placé le curseur de votre souris. À condition de réfléchir avant de choisir !

Exercice 3 ●●○

1. Lisez attentivement le texte et sa reformulation. Quelle erreur l'élève qui a rédigé la reformulation a-t-il commise ?
2. Réécrivez le travail de l'élève de façon à l'améliorer.

Le texte

Les concours d'éloquence connaissent depuis quelques années un fort engouement dans les universités, les lycées et même les collèges. Les étudiants et les élèves y participent car ils sont conscients de l'importance de la maîtrise de la parole pour leurs études. C'est ainsi qu'on s'est aperçu que certains apprenants, peu à l'aise avec l'écrit, pouvaient devenir de véritables orateurs face à un public.

La reformulation du texte

Les concours d'éloquence sont à la mode depuis quelques années. Ceux qui y participent sont conscients de l'importance de la maîtrise de la parole. Certains pouvaient devenir de véritables orateurs.

Exercice 4 ●●●

1. Repérez dans le texte suivant : le système d'énonciation, le thème et la thèse défendue.
2. De combien de phrases le texte est-il constitué ? Quels mots-clés peuvent résumer la pensée de l'auteur ?
3. Reformulez le texte en trois phrases.

Déposer de l'information sur du parchemin, du papier imprimé ou un support électronique consiste à construire une mémoire. Nos ancêtres ressemblaient aux acteurs d'aujourd'hui qui peuvent réciter par cœur des milliers de vers ou de répliques. De tels exploits dépassent aujourd'hui notre capacité. À mesure que nous construisons des mémoires performantes, nous perdons la nôtre propre.

Michel Serres, *Conférence sur « Les nouvelles technologies : révolution culturelle et cognitive »*, 2007.

Le verbe et les formes verbales

1 La construction du verbe

- Le verbe est le noyau de la phrase. C'est autour de lui qu'elle s'organise.

Un verbe comporte trois éléments distincts

- le **radical,** qui porte le sens du verbe : *chanter* *chant*
- la **marque du temps,** qui est sonore : *chanter* *chant-é, -eras, -erions*
- la **marque de la personne,** qui est visuelle : *chanter* ils *chant-e-nt*

2 Les temps de l'indicatif

- Le mode indicatif présente le fait évoqué par le verbe comme certain, qu'il se situe dans le passé (*il a mangé*), le présent (*il mange*) ou le futur (*il mangera*).

Le mode indicatif

- **Le passé composé.** Il indique une action passée qui s'est réalisée. Il se forme avec l'auxiliaire « avoir » ou « être » + le participe passé du verbe.
→ *Ils nous ont donné des nouvelles. Elle est partie à l'étranger.*
- **Le présent.** Il présente l'action du verbe comme en train de se dérouler. Il peut aussi indiquer une vérité générale.
→ *Ils distribuent des journaux. La presse est le meilleur moyen de s'informer.*
- **Le futur.** Il exprime une action à venir, lorsque celle-ci paraît certaine.
→ *Nous connaitrons la vérité sur cette affaire dans quelques jours.*

3 Le conditionnel et le subjonctif

Le conditionnel et le subjonctif sont utilisés lorsque les actions envisagées sont incertaines.

- **Le conditionnel.** On emploie le conditionnel pour exprimer un fait à venir, mais qui est soumis à une condition.
→ *Les réseaux sociaux seraient moins nocifs si l'anonymat y était supprimé.*
- **Le subjonctif.** On emploie le subjonctif pour exprimer le désir, le souhait, l'ordre ou la prière.
→ *Il faut que tu prennes une décision.*

Indicatif			Conditionnel	Subjonctif
passé composé	présent	futur	présent	présent
j'ai chanté *nous sommes sortis* *ils ont fait*	*je chante* *nous sortons* *ils font*	*je chanterai* *nous sortirons* *ils feront*	*je chanterais* *nous sortirions* *ils feraient*	*que je chante* *que nous sortions* *qu'ils fassent*

Exercice 1 ●○○

Recopiez les phrases suivantes. Surlignez au moyen de trois couleurs : a) le radical b) la marque du temps c) les marques de la personne.

– Ils sont venus.
– Tu reviendras bientôt ?
– Vous copiez.
– Les heures passent vite.
– Pourvu que nous y arrivions !
– Cela m'étonnerait.
– Vous nous l'enverrez.
– Il a menti.
– Ils rougissent.

Exercice 2 ●●○

Conjuguez au passé composé, puis au présent et futur, les verbes « imiter » et « partir ».

Exercice 3 ●○○

Réécrivez les groupes verbaux suivants au passé composé. Attention aux accords du participe passé !

Exemple : *Elle a chanté* → « avoir » = pas d'accord..
Elle est partie → « être » = accord.

a. Tu rates le meilleur épisode de la série.
b. Le reportage passe à 22 heures.
c. Ils lisent le journal tous les jours.
d. Nous découvrons cette information en direct.

Exercice 4 ●○○

Réécrivez les phrases en mettant les verbes entre parenthèses au passé composé.

a. Il (pleuvoir) tout l'automne.
b. Je (trouver) la solution avant toi.
c. Ils (entendre) ce que nous (dire) à leur propos.
d. Nous (partir) à l'aventure pendant quinze jours.

Exercice 5 ●●○

1. Quel temps le texte suivant utilise-t-il ? Pourquoi ?
2. Réécrivez le texte au passé composé, en remplaçant le mot « aujourd'hui » par « il y a quelques années ».
3. Réécrivez le texte au futur, en remplaçant le mot « aujourd'hui » par « un jour ».

Aujourd'hui, les réseaux sociaux nous permettent de communiquer avec nos proches. Ils font circuler les informations. Ils nous connectent au monde entier et deviennent indispensables.

Exercice 6 ●○○

1. Relevez les verbes utilisés dans ce fait divers et indiquez quels temps sont utilisés.
2. Expliquez pourquoi le journaliste utilise le mode indicatif.

AVERSE DE GRÊLE

Il était environ 19 heures quand une averse de grêle aussi violente que soudaine s'est abattue entre Râches et Orchies. Pendant une quinzaine de minutes, des grêlons de la taille d'une boule de flipper ont martelé les toits des habitations et les véhicules garés sur le trottoir.

La Voix du Nord, 5 juin 2019.

Exercice 7 ●●○

1. Repérez, dans chaque phrase, le verbe conjugué au conditionnel.
2. Rédigez trois phrases commençant par « Si j'étais » en utilisant le conditionnel.

a. Il faudrait qu'il vienne nous voir.
b. Nous vous serions reconnaissant de bien vouloir nous excuser.
c. Tu oserais faire une telle chose ?
d. Elle chanterait du rap si elle voulait.

Exercice 8 ●●●

Réécrivez les phrases en mettant le verbe entre parenthèses au subjonctif.

a. Il faut que je (prendre) rendez-vous avec le service maintenance.
b. Je suis content que mon ami (venir) ce week-end.
c. C'est bien qu'il (apprendre) cette spécialité.
d. Il faut que le stagiaire (aller) voir son tuteur.
e. Je suis désolé qu'on ne (pouvoir) pas aller voir ce chantier demain.
f. Je ne pense pas qu'il (falloir) se mêler de cet appel d'offre.
g. C'est curieux qu'il (être) en retard.
h. Il aimerait que je (voir) cela avec lui.
i. Elle doit finir son travail, avant qu'elle (pouvoir) se joindre aux autres.

Lire et analyser un corpus

Lorsqu'un devoir repose sur un ensemble de textes et d'images, on appelle cet ensemble « corpus ». Un corpus de documents illustre l'un des thèmes étudiés durant l'année. La lecture et l'analyse attentive des documents du corpus est un préalable indispensable à la réussite du devoir. C'est une étape trop souvent négligée.

Exemple de corpus (extraits)

Le corpus porte sur l'objet d'étude « Vivre aujourd'hui : l'humanité, le monde, les sciences et la technique ».
Le thème du corpus est développé par les documents : la robotique et les questions qu'elle nous pose.
Les documents se font écho, illustrant deux facettes d'un même thème : ils mettent en place une problématique.

Texte 1 (extrait)

L'inspecteur Franck Logan, un policier californien, est chargé d'enquêter sur un robot révolutionnaire, baptisé Ada, qui a mystérieusement disparu. Il interroge son inventeur.

— Elle est régie par un certain nombre de commandements, qui sont en quelque sorte les descendants des lois de la robotique inventées par Asimov...
— Isaac Asimov ? L'auteur de science-fiction ?
— Allons, inspecteur, ne me dites pas que vous n'avez jamais entendu parler des trois lois de la robotique !
Devant l'air vexé de Franck, Weiss reprit :
— Asimov décrit le monde dans lequel les robots s'acquittent de toutes les tâches domestiques. Ils se conforment à un code de conduite qui tient en trois lois. Je les cite de mémoire : 1) un robot ne peut porter atteinte à un humain, ni, en restant passif, exposer un humain au danger ; 2) un robot doit obéir aux ordres que lui donne un humain, sauf si ces ordres entrent en conflit avec la Première loi ; 3) un robot doit protéger son existence tant que cette protection n'entre pas en conflit avec la Première ou la Deuxième loi.
- Ça a l'air tout simple...

Antoine Bello, *Ada*, Éd. Gallimard, 2016.

Document iconographique

L'acteur Will Smith dans le film *I, Robot*.
Réalisation Alex Proyas, 2004.

Texte 2 (extrait)

Le physicien Stephen Hawking assure, dans une interview, que si les formes primitives de l'intelligence artificielle développées jusqu'à présent se sont révélées très utiles, il faut désormais craindre que les machines surpassent les humains. Pour le scientifique, l'intelligence artificielle « pourrait finir par devenir autonome, et très vite. Les humains, limités par leur lente évolution biologique, ne pourraient pas suivre ». Il propose donc de former « une sorte de gouvernement mondial » afin de contrôler le développement des robots et d'éviter qu'ils ne prennent le dessus.

Alexandra EDIP, « Les robots une chance pour l'homme ? », *Capital*, octobre 2017.

Méthode

I Identifier la nature des documents du corpus

- **Les textes.** Ils peuvent appartenir à des genres différents : fiction (extraits de roman, poèmes, théâtre), ou idées (presse, interview, essai...).
- **Les documents iconographiques.** Ce sont des images qui illustrent le thème abordé par les textes : tableau, bande dessinée, photographie, publicité, caricature...

II S'interroger sur les documents

- **Les auteurs et le contexte.** Il s'agit d'abord de repérer l'identité de chacun des auteurs : écrivain, journaliste, scientifique, peintre, dessinateur... On recherche ensuite la date et le contexte dans lesquels chaque document a été publié.
- **L'intention dominante de chaque document.** Il faut ensuite définir ce que chacun des auteurs du corpus a voulu faire : décrire une situation, expliquer un problème, raconter une histoire, défendre une opinion ou un point de vue.

III Faire un tableau de synthèse

L'étude des documents, stylo en main, doit permettre d'en analyser les principales caractéristiques. Elle peut se faire sous forme de tableau.

Étude des documents	Thème développé	Intention de l'auteur	Énonciation (qui parle ? à qui ? quand ? pour dire quoi ?)
Texte 1			
Texte 2			
Image			

IV Dégager la problématique du corpus

La dernière étape de la lecture du corpus permet d'en dégager la problématique, c'est-à-dire le problème commun posé par l'ensemble des documents.

→ Le corpus de la page de gauche pose la problématique suivante : Devons-nous avoir peur des robots, et plus largement du développement de l'intelligence artificielle ?

Exercice 1 ●○○

Identifiez le thème abordé par chaque corpus. Quelle est la nature des documents ? Distinguez entre fiction, texte d'idées et représentation de la réalité.

Corpus 1

Texte 1 : Michel Vinaver, *L'Émission de télévision, comédie*, 1988.

Texte 2 : Interview de Serge Moati sur la télévision, *La revue civique*, 2008.

Document iconographique : Le plateau du Journal de 20 heures de TF1, 4 janvier 2020.

Corpus 2

Texte 1 : Michel Serres, *Le mal propre, polluer pour s'approprier ?*, 2008.

Texte 2 : Serge Latouche, *Bon pour la casse, les déraisons de l'obsolescence programmée*, 2012.

Document iconographique : « Le septième continent de plastique », photographie AFP, 2019.

Document iconographique

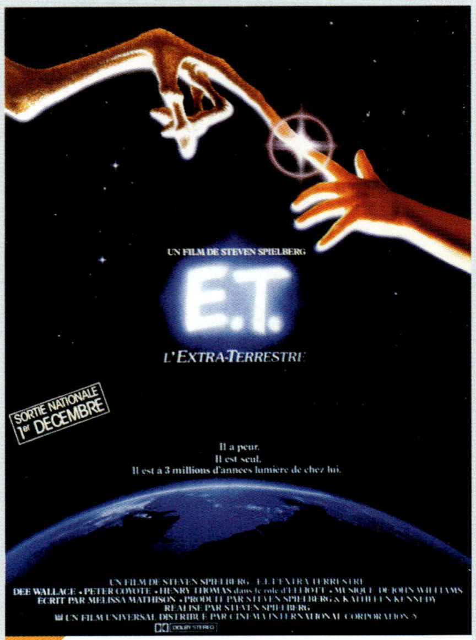

Affiche du film de Steven Spielberg, *E.T. l'extra-terrestre*, 1982.

Exercice 2 ●○○

Quel thème commun le texte et le document iconographique explorent-ils ? Justifiez votre réponse.

Texte 1

Vincent Message, un écrivain contemporain, s'inspire du conte philosophique pour imaginer ce qui se passerait si la Terre attirait un peuple extra-terrestre en quête d'une planète accueillante où habiter.

Avant que nous n'arrivions, les hommes avaient parcouru cette planète en tous sens et avaient partout laissé leurs empreintes, même dans les territoires les plus sauvages et à première vue les plus difficiles à domestiquer. […] Nous les avons observés quelque temps sans nous mêler à eux. Il était inutile qu'ils soient au courant de notre présence tant que nous n'avions pas pris de décision un peu ferme. Fallait-il s'établir ? Ou se réembarquer, passer notre chemin ? Nous avions besoin de temps pour étudier le problème, il n'était pas question bien sûr de se lancer à la légère.

Vincent Message, *Défaite des maîtres et possesseurs*, Éd. du Seuil, 2016.

Exercice 3 ●●○

1. **Lisez attentivement chacun des documents du corpus. Quel est la nature de chaque document ? Quel est leur thème commun ?**
2. **Corrigez les notes prises lors de la lecture et complétez-les avec vos observations.**

Texte 1

La maison près de la fontaine,
Couverte de vigne vierge et de toiles
[d'araignées,
Sentait la confiture et le désordre et l'obscurité,
L'automne, l'enfance, l'éternité ...
Autour il y avait le silence […]

La maison près des H.L.M.
A fait place à l'usine et au supermarché,
Les arbres ont disparu, mais ça sent
[l'hydrogène sulfuré[1],
L'essence, la guerre, la société ...
Ce n'est pas si mal, et c'est normal,
C'est le progrès.

Nino Ferrer, *La Maison près de la fontaine*, 1972.

1. **L'hydrogène sulfuré** : le souffre.

Texte 2

Dans son recueil de nouvelles, Didier Daeninckx évoque des gens ordinaires, confrontés à une société en pleine mutation.

« Ça a drôlement changé, hein !
— C'est où ? »
Il a tendu le bras vers la porte d'entrée. [...]
« Avant l'autoroute c'était comme ça, de la porte de la Chapelle à la porte de Paris. Allées, contre-allées... Plus large et plus longue que les Champs-Élysées... Des arbres par milliers... Les gens se rassemblaient tous les soirs et marchaient, comme en Espagne... Ils ont tout cassé avec leur autoroute. »

Didier Daeninckx, « Yvonne, la madone de la plaine », *En marge*, Éd. Denoël, 1994.

César, *Compression de voiture*, 1962.

Document iconographique *Le sculpteur César est l'un des premiers à avoir dénoncé les méfaits de la société de consommation.*

Les notes prises au brouillon. Corpus sur les voitures. Texte 1 (fiction) : l'auteur aime bien . Exemple : ... ... / L'auteur du texte 2 (texte d'idées) n'est pas d'accord . Exemple : .... / Le sculpteur adore les voitures : en effet...............

– Opposition du passé et du présent dans les textes (temps des verbes + ...).
– Intention du corpus : ....

Exercice 4 ●●○

Reproduisez le tableau de synthèse et complétez-le à partir de votre étude du corpus de l'exercice précédent.

	Texte 1	Texte 2	Doc. iconographique
Auteur-Date			
Nature du document			
Situation d'énonciation			
Thème			
Intention de l'auteur			
Procédés utilisés			

EXO BAC

1. Identifiez la nature des documents du corpus.
2. Présentez les documents dans un tableau de synthèse. Dégagez la problématique du corpus.

Texte 1. *Gustave Le Clézio s'interroge sur l'avenir de la lecture dans son discours lors de la remise du prix Nobel en 2008.*

Fournir en écrans à cristaux liquides la plus grande partie de l'humanité relève de l'utopie*. Alors ne sommes-nous pas en train de créer une nouvelle élite, de tracer une nouvelle ligne qui divise le monde entre ceux qui ont accès à la communication et au savoir et ceux qui restent les exclus du partage ?

J.-M. G. Le Clézio, *Dans la Forêt des paradoxes*, Discours de réception du prix Nobel, décembre 2008.

* **De l'utopie** : du rêve, de l'illusion.

Texte 2

L'auteur dresse le constat d'un monde soumis à l'effet des nouvelles technologies de la communication.

En moins de dix ans, les appareils fixes dédiés à une fonction précise (écouter des disques, regarder des programmes de télévision, lire des informations...) ont été largement supplantés ou complétés par des appareils, le plus souvent nomades, offrant une large palette de fonctionnalités au croisement de la culture, du divertissement et de la communication.
Cette évolution a définitivement consacré les écrans comme support privilégié de nos rapports à la culture.

Olivier Donnat, *Les Pratiques culturelles des Français à l'ère numérique*, Éd. La Découverte, 2009.

Document iconographique

Plantu, *Le Monde*, mars 2006.

Texte 1

Terre des Hommes *est un recueil de textes autobiographiques dans lequel Saint-Exupéry évoque le souvenir de ses voyages autour du monde. Son œuvre exalte les valeurs humanistes.*

Pourquoi nous haïr ? Nous sommes solidaires[1] emportés par la même planète, équipage d'un même navire. Et s'il est bon que des civilisations s'opposent pour favoriser des synthèses[2] nouvelles, il est monstrueux qu'elles s'entre-dévorent.

Puisqu'il suffit, pour nous délivrer, de nous aider à prendre conscience d'un but qui nous relie les uns aux autres, autant le chercher là où il nous unit tous. Le chirurgien qui passe la visite n'écoute pas les plaintes de celui qu'il ausculte : à travers celui-là, c'est l'homme qu'il cherche à guérir. Le chirurgien parle une langue universelle... De même, le physicien quand il médite ces équations presque divines par lesquelles il saisit à la fois l'atome et la nébuleuse[3]. Et ainsi jusqu'au simple berger. Car celui-là qui veille modestement quelques moutons sous les étoiles, s'il prend conscience de son rôle, se découvre plus qu'un serviteur. Il est une sentinelle[4]. Et chaque sentinelle est responsable de tout l'empire.

Quand nous prendrons conscience de notre rôle même le plus effacé, alors seulement nous serons heureux.

Antoine de Saint-Exupéry, *Terre des Hommes*, chap. VIII, Éd. Gallimard, 1939.

1. **Solidaires** : dépendants les uns des autres.
2. **Synthèses** : associations.
3. **Nébuleuse** : ensemble d'étoiles.
4. **Sentinelle** : personne chargée de garder un lieu.

Texte 2

Tim n'a qu'une envie : passer ses vacances dans un hamac. Un jour, son père lui propose de participer à l'organisation d'un festival de musique, « Droit dans son rock », en tant que bénévole.

C'est payé combien ? »

Ma question a déclenché un de ces détestables ricanements paternels. Il m'a regardé par-dessus-ses lunettes.

« Le principe du bénévolat, justement, c'est que t'es pas payé. »

Je suis resté perplexe. Comme la suite des explications ne venait pas. J'ai posé mon argument massue en forme de question piège.

« Et pourquoi les gens le font alors ? »

Nouveau ricanement suivi d'une phrase articulée comme pour un enfant de quatre ans.

« Pour l'in-té-rêt gé-né-ral. »

S'en est suivi un de ces longs monologues dont mon père a le secret, visant à me convaincre qu'il existe des gens prêts à passer des heures à nettoyer des toilettes souillées, juste pour le confort de parfaits inconnus. D'après lui, on peut s'arracher la peau des mains et sauter des repas, uniquement pour un truc qui s'appelle « l'intérêt général ». À la fin de sa tirade, mon père a écarté les bras, satisfait de sa démonstration.

« Voilà ! Ça te parle un peu plus maintenant ? »

J'ai préféré éviter de développer tout un commentaire désobligeant sur ce que je venais d'entendre et me suis contenté d'une phrase sans appel :

« En tout cas, pas question que je bosse pour rien ! Je serai pas bénévole pour l'intérêt général.

– Eh bien c'est dommage, il a dit. Tu ne sais pas ce que tu perds. Moi J'y serai. »

Hélène Vignal, « Droit dans son rock », *Casseurs de solitudes*, Éd. du Rouergue, 2014.

Document 3

La pochette de l'album *Yasuke* du groupe de rap IAM sorti en 2019.

Première partie : compétences de lecture (10 points)

Compréhension

1 Pour Saint-Exupéry, en quoi chaque individu, même le plus modeste, est-il important ?

2 Dans le texte 2, le père et le fils n'ont pas les mêmes valeurs. Quelles sont les valeurs de chacun. En quoi s'opposent-elles ?

Interprétation

3 Pour argumenter, Saint-Exupéry utilise une question. Quel est le rôle de cette question ?

4 Dans le document 3, en quoi les personnes embarquées sur le radeau représentent-elles la diversité de l'humanité ? Relevez des éléments précis de l'image.

Confrontation

5 D'après l'ensemble des documents, quels rapports les hommes devraient-ils avoir entre eux ?

Deuxième partie : compétences d'écriture (10 points)

En quoi aider les autres peut-il être source de découverte et d'enrichissement personnel ? Répondez à la question dans un développement d'une quarantaine de lignes, argumenté et illustré d'exemples précis. Appuyez-vous sur les documents du corpus, vos connaissances et votre expérience personnelle.

Face à l'urgence écologique, l'homme prend de plus en plus conscience qu'il est nécessaire d'agir. C'est en modifiant les comportements individuels et en mettant en œuvre des politiques respectueuses de l'environnement et de la biodiversité que l'on parviendra à préserver les équilibres naturels.

La préservation de la planète

Quels rapports l'homme entretient-il avec le monde ?

Jean Giono

Né à Manosque en 1895, il décède en 1970. Issu d'une famille modeste, Jean Giono grandit en Provence, région pour laquelle il éprouve un attachement viscéral. Après des études secondaires, il travaille comme employé de banque avant de se consacrer à l'écriture. Ses romans s'inspirent de ses souvenirs d'enfance et de ses promenades avec son père. Dans *Colline, Un de Baumugnes* et *Regain* écrits entre 1929 et 1930, il célèbre la beauté des paysages de Provence et l'humanité de ses habitants. Son œuvre est un hymne à la nature et à la vie paysanne. Jean Giono écrit *L'homme qui plantait des arbres* en 1953 pour une revue américaine qui lui demandait de faire le portrait de l'homme le plus extraordinaire qu'il ait jamais rencontré. C'est l'occasion pour lui de rendre hommage à ceux qui s'engagent dans la conservation de la nature.

Après trois jours de marche dans l'arrière-pays provençal et avoir traversé un paysage aride et inhospitalier, le narrateur rencontre un berger. Elzéard Bouffier vit seul et veille sur une trentaine de moutons. Il lui offre l'hospitalité.

Le berger qui ne fumait pas alla chercher un petit sac et déversa sur la table un tas de glands. Il se mit à les examiner l'un après l'autre avec beaucoup d'attention, séparant les bons des mauvais. Je fumais ma pipe. Je me proposai pour l'aider. Il me dit que c'était son affaire. En effet : voyant le soin qu'il mettait à ce travail, je n'insistai pas. Ce fut toute notre conversation. Quand il eut du côté des bons un tas de glands assez gros, il les compta par paquets de dix. Ce faisant, il éliminait encore les petits fruits ou ceux qui étaient légèrement fendillés, car il les examinait de fort près. Quand il eut ainsi devant lui cent glands parfaits, il s'arrêta et nous allâmes nous coucher.

La société de cet homme donnait la paix. Je lui demandai le lendemain la permission de me reposer tout le jour chez lui. Il le trouva tout naturel, ou, plus exactement, il me donna l'impression que rien ne pouvait le déranger. Ce repos ne m'était pas absolument obligatoire, mais j'étais intrigué et je voulais en savoir plus. Il fit sortir son troupeau et il le mena à la pâture. Avant de partir, il trempa dans un seau d'eau le petit sac où il avait mis les glands soigneusement choisis et comptés.

Je remarquai qu'en guise de bâton, il emportait une tringle de fer grosse comme le pouce et longue d'environ un mètre cinquante. Je fis celui qui se promène en se reposant et je suivis une route parallèle à la sienne. La pâture de ses bêtes était dans un fond de combe. Il laissa le petit troupeau à la garde du chien et il monta vers l'endroit où je me tenais. J'eus peur qu'il vînt pour me reprocher mon indiscrétion mais pas du tout : c'était sa route et il m'invita à l'accompagner si je n'avais rien de mieux à faire. Il allait à deux cents mètres de là, sur la hauteur.

Arrivé à l'endroit où il désirait aller, il se mit à planter sa tringle de fer dans la terre. Il faisait ainsi un trou dans lequel il mettait un gland, puis il rebouchait le trou. Il plantait des chênes. Je lui demandai si la terre lui appartenait. Il me répondit que non. Savait-il à qui elle était ? Il ne savait pas. Il supposait que c'était une terre communale, ou peut-être, était-elle propriété de gens qui ne s'en souciaient pas ? Lui ne se souciait pas de connaître les propriétaires. Il planta ainsi cent glands avec un soin extrême.

« Il supposait que c'était une terre communale, ou peut-être était-elle la propriété de gens qui ne s'en souciaient pas ? » (ligne 33)

Le paysage dessiné par la main de l'homme témoigne des liens qui l'unissent à la nature.

Paul Cézanne, *La Montagne Sainte-Victoire au grand pin*, vers 1887.

Après le repas de midi, il recommença à trier sa semence. Je mis, je crois, assez d'insistance dans mes questions puisqu'il y répondit. Depuis trois ans il plantait des arbres dans cette solitude. Il en avait planté cent mille. Sur les cent mille, vingt mille était sortis. Sur ces vingt mille, il comptait encore en perdre la moitié, du fait des rongeurs ou de tout ce qu'il y a d'impossible à prévoir dans les desseins de la Providence. Restaient dix mille chênes qui allaient pousser dans cet endroit où il n'y avait rien auparavant.

C'est à ce moment-là que je me souciai de l'âge de cet homme. Il avait visiblement plus de cinquante ans. Cinquante-cinq, me dit-il. Il s'appelait Elzéard Bouffier. Il avait possédé une ferme dans les plaines. Il y avait réalisé sa vie. Il avait perdu son fils unique, puis sa femme. Il s'était retiré dans la solitude où il prenait plaisir à vivre lentement, avec ses brebis et son chien. Il avait jugé que ce pays mourait par manque d'arbres. Il ajouta que, n'ayant pas d'occupations très importantes, il avait résolu de remédier à cet état de choses.

En 1914, la guerre éclate. Le narrateur est engagé pendant cinq ans comme soldat d'infanterie. À la fin de la guerre, il décide de retourner dans ce village de Haute-Provence respirer l'air pur des montagnes. Il retrouve celui qu'il avait presque oublié.

Le pays n'avait pas changé. Toutefois, au-delà du village mort, j'aperçus dans le lointain une sorte de brouillard gris qui recouvrait les hauteurs comme un tapis. Depuis la veille, je m'étais remis à penser à ce berger planteur d'arbres. « Dix mille chênes, me disais-je, occupent vraiment un très large espace ».

J'avais vu mourir trop de monde pendant cinq ans pour ne pas imaginer facilement la mort d'Elzéard Bouffier, d'autant que, lorsqu'on en a vingt, on considère les hommes de cinquante comme des vieillards à qui il ne reste plus qu'à mourir. Il n'était pas mort. Il était même fort vert. Il avait changé de métier. Il ne possédait plus que quatre brebis mais, par contre, une centaine de ruches. Il s'était débarrassé des moutons qui mettaient en péril ses plantations d'arbres. Car, me dit-il (et je le constatais), il ne s'était pas du tout soucié de la guerre. Il avait imperturbablement continué à planter. Les chênes de 1910 avaient alors dix ans et étaient plus hauts que moi et que lui. Le spectacle était impressionnant. J'étais littéralement privé de parole et, comme lui ne parlait pas, nous passâmes tout le jour en silence à nous promener dans sa forêt. Elle avait, en trois tronçons, onze kilomètres de long et trois kilomètres dans sa plus grande largeur. Quand on se souvenait que tout était sorti des mains et de l'âme de cet homme – sans moyens techniques – on comprenait que les hommes pourraient être aussi efficaces que Dieu dans d'autres domaines que la destruction.

« En même temps que l'eau réapparaissaient les saules, les osiers, les prés, les jardins, les fleurs et une certaine raison de vivre. » (ligne 57)
André Derain, *L'Estaque route tournante*, 1906.

Il avait suivi son idée, et les hêtres qui m'arrivaient aux épaules, répandus à perte de vue, en témoignaient. Les chênes étaient drus et avaient dépassé l'âge où ils étaient à la merci des rongeurs ; quant aux desseins de la Providence elle-même, pour détruire l'œuvre créée, il lui faudrait avoir désormais recours aux cyclones. Il me montra d'admirables bosquets de bouleaux qui dataient de cinq ans, c'est-à-dire de 1915, de l'époque où je combattais à Verdun. Il leur avait fait occuper tous les fonds où il soupçonnait, avec juste raison, qu'il y avait de l'humidité presque à fleur de terre. Ils étaient tendres comme des adolescents et très décidés.

La création avait l'air, d'ailleurs, de s'opérer en chaînes. Il ne s'en souciait pas ; il poursuivait obstinément sa tâche, très simple. Mais en redescendant par le village, je vis couler de l'eau dans des ruisseaux qui, de mémoire d'homme, avaient toujours été à sec. C'était la plus formidable opération de réaction qu'il m'ait été donné de voir. Ces ruisseaux secs avaient jadis porté de l'eau, dans des temps très anciens. Certains de ces villages tristes dont j'ai parlé au début de mon récit s'étaient construits sur les emplacements d'anciens villages gallo-romains dont il restait encore des traces, dans lesquelles les archéologues avaient fouillé et ils avaient trouvé des hameçons à des endroits où au vingtième siècle, on était obligé d'avoir recours à des citernes pour avoir un peu d'eau.

Le vent aussi dispersait certaines graines. En même temps que l'eau réapparaissaient les saules, les osiers, les prés, les jardins, les fleurs et une certaine raison de vivre.

Orientation **BTS**

L'écriture personnelle

Proposez un plan en deux ou trois parties afin de répondre de façon personnelle et nuancée au sujet ci-dessous. Dans un premier temps, expliquez la citation de Jean Giono. Puis rédigez précisément l'idée directrice de chacune des parties de votre plan.

Sujet. À la fin de *L'homme qui plantait les arbres*, Jean Giono écrit : « je trouve, malgré tout, la condition humaine admirable ». Partagez-vous son opinion ?

Pendant des années Elzéard Bouffier a poursuivi, sans relâche, son travail de reforestation faisant renaître la vie là où il n'y avait qu'un paysage désertique. Le narrateur le retrouve pour la dernière fois en 1945. Il est alors âgé de quatre-vingt-sept ans. Le pays qu'il avait connu a bien changé.

Sur l'emplacement des ruines que j'avais vues en 1913, s'élèvent maintenant des fermes propres, bien crépies, qui dénotent une vie heureuse et confortable. Les vieilles sources, alimentées par les pluies et les neiges que retiennent les forêts, se sont remises à couler. On en a canalisé les eaux. À côté de chaque ferme, dans des bosquets d'érables, les bassins des fontaines débordent sur des tapis de menthes fraîches. Les villages se sont reconstruits peu à peu. Une population venue des plaines où la terre se vend cher s'est fixée dans le pays, y apportant de la jeunesse, du mouvement, de l'esprit d'aventure. On rencontre dans les chemins des hommes et des femmes bien nourris, des garçons et des filles qui savent rire et ont repris goût aux fêtes campagnardes. Si on compte l'ancienne population, méconnaissable depuis qu'elle vit avec douceur et les nouveaux venus, plus de dix mille personnes doivent leur bonheur à Elzéard Bouffier.

Quand je réfléchis qu'un homme seul, réduit à ses simples ressources physiques et morales, a suffi pour faire surgir du désert ce pays de Canaan[1], je trouve que, malgré tout, la condition humaine est admirable. Mais, quand je fais le compte de tout ce qu'il a fallu de constance dans la grandeur d'âme et d'acharnement dans la générosité pour obtenir ce résultat, je suis pris d'un immense respect pour ce vieux paysan sans culture qui a su mener à bien cette œuvre digne de Dieu.

Jean Giono, *L'homme qui plantait des arbres*, 1953, Éd. Gallimard.

1. **Ce pays de Canaan** : référence au personnage de l'Ancien Testament qui aurait peuplé des terres désertiques.

Vers le Bac

L'expression d'une opinion personnelle

L'emploi de la première personne « je ». Le « je » marque votre engagement, votre implication personnelle. Utilisez : *selon moi, d'après moi, à mon avis, pour ma part, il me semble que, il me paraît...*

L'emploi du vocabulaire de l'opinion. Utilisez des verbes comme *penser, soutenir, estimer, croire, contester, approuver, déplorer...* pour affirmer votre point de vue.

Utilisez des adverbes comme *évidemment, certainement, assurément, probablement...* afin de préciser votre idée. Utilisez des adjectifs péjoratifs ou mélioratifs comme *déplorable, absurde, merveilleux, intéressant, juste* pour un jugement négatif ou positif.

Question : Relevez dans le dernier paragraphe du texte les mots et les expressions qui montrent que Jean Giono exprime une opinion personnelle.

Questions

Découverte

- Elzéard Bouffier est-il, selon vous, un personnage extraordinaire ?
- Que pensez-vous de la mission qu'il s'est donnée ?
- En quoi ce récit de Jean Giono est-il plein d'espoir ?

Analyse

1. Pourquoi Elzéard Bouffier a-t-il pris la décision de planter des milliers d'arbres ?
2. En trois ans, combien d'arbres a-t-il planté ? En tenant compte des pertes, combien en restera-t-il ?
3. Il décide par la suite de planter, en plus des chênes, des hêtres et des bouleaux. Pourquoi, selon vous, est-ce important de varier les espèces ?
4. Après la guerre, le narrateur retrouve ce « berger planteur d'arbres ». Il est devenu apiculteur. Comment expliquez-vous ce changement d'activité ? Ce changement a un rapport avec son activité de planter des arbres. Lequel ?
5. En plusieurs dizaines d'années, Elzéard Bouffier a réussi à redonner vie à tout un village. Retrouvez toutes les étapes de cette renaissance.
6. En quoi ce récit est-il un hymne à la nature ?

Compétences d'écriture

Affirmer son point de vue

Répondez à la question ci-dessous en exprimant votre point de vue et votre implication personnelle. Aidez-vous de la rubrique « Vers le Bac ». Votre réponse devra intégrer les informations proposées.

Question : D'après-vous, en quoi la déforestation est-elle un danger pour l'équilibre de la planète ?

Des forêts menacées.
Selon les chiffres du WWF (le fonds mondial pour la nature), les forêts abritent 80 % de la biodiversité terrestre. Pourtant, treize millions d'hectares de forêts notamment tropicales, disparaissent chaque année.

Les principaux risques.
L'exploitation non durable qui transforme l'écosystème, l'exploitation illégale du bois et de certaines essences, l'agriculture intensive, la construction d'infrastructures.

La sauvegarde du patrimoine naturel

Avec la surexploitation des ressources naturelles, les besoins des générations futures risquent de ne pouvoir être satisfaits. L'homme doit donc préserver son environnement afin de transmettre une planète qui pourra offrir toutes ses richesses et sa beauté.

Vers le Bac

Le paragraphe argumentatif

Un paragraphe, dans une argumentation, se compose de trois éléments : l'idée à soutenir, l'argument et l'exemple.

L'idée à soutenir est l'idée que l'on veut défendre ou réfuter.

L'argument démontre la pertinence de son opinion. L'argument est d'autorité lorsque l'on s'appuie sur un auteur ou un texte reconnu de tous. L'argument peut aussi s'appuyer sur une vérité établie ou un fait incontestable.

L'exemple illustre l'argument. Il peut faire référence à une expérience personnelle, à un événement historique, à des données chiffrées ou à une œuvre artistique (livre, film, tableau...).

Question. Pour chacun des paragraphes du texte 2, dites quelle est l'idée défendue, l'argument et l'exemple que l'auteur utilise.

TEXTE 1

Catherine Larrère est une philosophe spécialiste de la question environnementale. Ingénieur agronome, Raphaël Larrère s'intéresse quant à lui aux paysages ruraux, à la forêt et plus généralement à la nature.

Il ne suffit pas de se soucier des ressources et des services écologiques que la biodiversité offre aux sociétés humaines ; il faut encore, dans la logique du développement durable, se préoccuper de transmettre aux générations futures un patrimoine[1] naturel capable de satisfaire leurs aspirations et leurs besoins. Le problème est que nous ignorons tout de ceux-ci. Comment alors donner un contenu au souci des générations à venir ? [...] On peut considérer que les ressources naturelles, au sens élargi, les paysages, les milieux, les espèces et la biodiversité dans son ensemble (en tant qu'héritage), sont autant de patrimoines qui ont de nombreux titulaires : individus, communautés locales, pays, humanité entière. Ainsi un territoire approprié et mis en valeur par des agriculteurs et des sylviculteurs[2] est-il aussi, en tant que paysage, un patrimoine pour tous les autres usagers du lieu (habitants, chasseurs, cueilleurs, promeneurs et touristes) et un haut lieu peut même être considéré comme étant le patrimoine commun de l'humanité...

Catherine et Raphaël Larrère, *Penser et agir avec la nature*, Éd. La Découverte, 2018.

1. **Patrimoine** : ensemble des biens dont on a hérité ou conservés pour être transmis.
2. **Sylviculteurs** : exploitants forestiers.

« On peut considérer que les paysages sont autant de patrimoines qui ont de nombreux titulaires : individus, communautés locales, pays, humanité entière... » (ligne 7)

« [La disparition des abeilles] n'est plus une hypothèse loufoque. Or, à ce jour, nous ne savons pas polliniser artificiellement… nous avons besoin des [abeilles] pour le faire… ». (ligne 5)

La pollinisation permet aux plantes de se reproduire et de donner des fruits.

TEXTE 2

Philippe J. Dubois est un ingénieur qui mesure l'impact des activités humaines sur la nature. Il s'alarme de la disparition de certaines espèces animales et végétales.

On ne peut pas vivre sans biodiversité. En ce début de XXIe siècle, l'économie mondiale repose à 40 % sur les services rendus par la nature (fruits, légumes, viande, poisson, plantes), donc sur la biodiversité dans son ensemble.

La biodiversité est vitale pour l'homme. L'exemple des abeilles est remarquable et symbolique. Leur disparition n'est plus une hypothèse loufoque. Or, à ce jour, nous ne savons pas polliniser artificiellement les fruits que nous consommons. Sauf à le faire manuellement, ce qui est impossible, nous avons besoin des insectes pollinisateurs pour le faire, pour pouvoir manger des pommes, des poires, des fraises et bien d'autres choses encore. Est-il dès lors acceptable de laisser mourir les abeilles ? Est-il acceptable de laisser disparaître des milliers d'autres espèces, parmi lesquelles se trouvent des plantes inconnues, mais qui sont sans doute tout à fait indispensables pour la médecine actuelle ?

La machine à dérégler la biodiversité est en marche, et elle s'accélère car plusieurs facteurs négatifs entrent en synergie. Ainsi, les effets du réchauffement climatique viennent-ils s'ajouter aux transformations liées à l'agriculture, à la surexploitation des ressources naturelles, à la fragmentation des milieux, aux différentes pollutions […].

Tout cela fait que nous vivons au-dessus de nos moyens dans un espace fini, puisqu'il nous faudrait aujourd'hui 1,6 terres pour subvenir à nos besoins.

Philippe J. Dubois, « Finirons-nous comme le dodo ? », *L'Obs*, hors-série n° 1701, « L'Homme et l'animal », 2016.

Compétences d'écriture

Construire un paragraphe d'argumentation

Pour répondre à la question ci-dessous, construisez un paragraphe argumenté. Formulez tout d'abord l'idée que vous devez défendre. Apportez ensuite trois arguments qui démontrent la pertinence de cette idée. Chaque argument sera illustré d'un exemple concret. Utilisez les mots de l'écologie.

Question. Pourquoi, selon vous, est-il si important de protéger la nature ?

Les mots de l'écologie. *Biodiversité, écosystème, développement durable, empreinte carbone, énergie renouvelable, transition écologique.*

Questions

Découverte

- Pourquoi protéger la planète est-il un devoir envers les générations futures ?
- La biodiversité est-elle vitale pour l'homme ?

Analyse

1. Selon le texte 1, nous sommes tous concernés par la préservation de la planète. Pourquoi ?
2. En quoi la nature est-elle « le patrimoine commun de l'humanité » ?
3. Quelle est l'idée générale du texte 2 ?
4. Pourquoi la disparition de certaines espèces animales ou végétales serait une perte pour l'humanité ? Appuyez-vous sur des exemples précis.
5. Le deuxième paragraphe du texte 2 se termine par deux questions. En quoi sont-elles de fausses questions ?
6. Quel lien pouvez-vous établir entre les textes 1 et 2 ? Quel est leur objectif commun ?

Orientation BTS

La synthèse

Résumez le texte 2 en respectant sa composition et l'intention de l'auteur. Suivez la démarche suivante.

1. Repérez les idées essentielles de chaque paragraphe.

2. Reformulez chaque idée en trouvant des synonymes ou des expressions équivalentes à celles du texte.

3. Supprimez les exemples illustratifs pour ne retenir que ceux qui ont une valeur d'argumentation.

Lecture

Les transformations du quotidien

L'écologie est devenue une préoccupation majeure de nos sociétés. Les modes de production et de consommation évoluent. Des urbanistes, des agriculteurs, des chercheurs inventent de nouvelles pratiques agricoles et de recyclage des déchets afin de limiter notre impact sur l'environnement.

Vers le Bac

Les caractéristiques d'une réponse nuancée

Apporter tout d'abord une réponse claire, soutenue par un argument. Exemple : *Les potagers sur les toits des immeubles sont une solution efficace pour pallier le manque de terrain.*

Modérer en montrant les limites de la réponse. Introduire un terme d'articulation logique comme : *malgré tout, cependant, mais, pourtant.*

Exemple : *Cependant les surfaces exploitées paraissent insuffisantes pour nourrir toute une population.*

Question. Le défi du "zéro déchet". Est-ce un objectif atteignable ? Répondez à la question de façon argumentée puis nuancez votre réponse.

TEXTE 1

Anciens parkings, conteneurs recyclés, fermes verticales produisent déjà incognito des tonnes de fruits et de légumes au plus près des consommateurs.

D'ici à 2050, on comptera 10 milliards d'humains sur Terre, dont 70 % s'agglutineront dans des zones urbaines. Quand on sait qu'un fruit ou un légume consommé en France parcourt en moyenne 1 500 kilomètres du champ à la fourchette, on mesure les limites du modèle actuel. Et, si on constate un sursaut, relocaliser la production au plus près des bouches à nourrir tout en développant des pratiques moins toxiques semble la voie du bon sens.

On a chassé la nature pour bétonner, tout est à inventer dans cet environnement complexe : pression foncière, contraintes des plans d'urbanisme, pénurie de logements, spéculation immobilière. La moindre parcelle, le plus petit espace doit être exploité, même atypique et incongru[1] : toit de gymnase, de HLM, parking souterrain, façades, serres verticales.

Anne-Laure Le Gall, *Paris Match*, février, 2019.

1. **Atypique et incongru** : inhabituel et bizarre.

« La moindre parcelle, le plus petit espace doit être exploité... ». (ligne 14) Récolte de légumes dans une ferme urbaine sur le toit du magasin *Caméléon* à Bruxelles en Belgique.

TEXTE 2

Dans le métro, à Rome, certains voyageurs arrivent avec quinze à vingt bouteilles en plastique vides sous le bras. Direction : la machine à tickets de métro. Depuis juillet, la capitale italienne a décidé d'offrir une autre motivation aux habitants pour les pousser à recycler. Des machines, qui échangent leurs contenants plastiques usagés contre des tickets de transports, ont été installées dans plusieurs stations de métro. Une application mobile permet d'accumuler les minutes de voyage, un billet de 100 minutes coûtant trente bouteilles. Effet positif pour la lutte contre les déchets : plus besoin de tickets papier avec ce procédé.

En trois mois, 350 000 bouteilles ont été recyclées par ces machines qui peuvent en digérer 20 000 par jour. Un soulagement pour les habitants de Rome, qui souffrent d'un problème récurrent[1] de surplus de déchets.

La capitale italienne est la première ville européenne à se lancer dans cette aventure en faveur du zéro déchet.

Aude Massiot, *Libération*, 23 octobre 2019.

1. Récurrent : qui revient souvent.

Orientation BTS

L'écriture personnelle

Afin de démontrer combien il est important de limiter notre impact sur l'environnement, transformez chaque information chiffrée en argument.

- D'ici 2050, on comptera 10 milliards d'humains sur Terre.
- 70 % s'agglutineront dans des zones urbaines.
- Un fruit ou un légume consommé en France parcourt en moyenne 1 500 kilomètres du champ à la fourchette.
- 60 millions de tonnes de plastique sont produites chaque année en France.

DOCUMENT 3

Nous croulons sous des montagnes d'emballages. Le photographe Antoine Repessé décide d'en faire un projet photographique intitulé « *#365 Unpacked* ».

Vidéo
liennathan.fr/cq593k

Questions

Découverte

- Quel est le sujet commun aux documents ?
- Entre les nouvelles pratiques agricoles et le recyclage des bouteilles en plastique, quelle initiative retient votre attention ?

Analyse

1. Selon le texte 1, quelle est la conséquence de l'accroissement de la population mondiale ?
2. Pourquoi « produire et consommer local » est-il bénéfique pour la planète ?
3. Quelles sont les contraintes qui freinent le développement des espaces verts en ville ?
4. Quels nouveaux lieux de production agricole apparaissent ? En quoi sont-ils étonnants ?
5. Quel dispositif la mairie de Rome a-t-elle mis en place pour inciter les habitants au recyclage ?
6. La photographie d'Antoine Repessé a une visée critique. Que dénonce-t-elle ?

Compétences d'écriture

Nuancer un point de vue

Répondez à la question ci-dessous de façon nuancée en montrant tout d'abord que les comportements évoluent et que des mesures sont prises. Expliquez ensuite qu'il est difficile de changer les mentalités et que beaucoup reste à faire. Aidez-vous de la rubrique « Vers le Bac » et des informations des textes.

Question. Pensez-vous que l'on a pris conscience de l'importance de protéger la planète ?

La consommation de plastique en chiffres

- *300 millions de tonnes de plastique sont produites chaque année dans le monde, dont 60 millions en France.*
- *En Europe, nous utilisons en moyenne 68 kg de plastique par personne et par an.*
- *14 % en moyenne des plastiques usagés sont collectés pour être recyclés.*
- *Le plan climat : un objectif de « 100 % des plastiques recyclés à l'horizon 2025. »*

Utiliser une citation

Dans un devoir, un exposé ou une copie d'examen, la citation est essentielle : elle relance l'attention du lecteur, elle appuie une argumentation et montre que le travail d'analyse sur un texte a bien été effectué. Mais citer n'est pas recopier : la citation obéit à des règles strictes de présentation.

Utiliser une citation

1 *Choisissez le passage à citer*

• **La citation doit illustrer.** Elle est la reproduction exacte des propos d'un auteur ou du passage d'un texte. Elle a une fonction d'illustration ou d'argument.
• **La citation doit convaincre.** Elle doit être brève et percutante. Elle peut donc être coupée : on signale alors cette coupe par le signe : [...].

2 *Insérez la citation dans votre texte*

• **La présentation de la citation.** Elle est placée entre guillemets après deux points, un verbe introductif (*L'auteur constate que...*) ou une préposition (*Selon l'auteur*).
• **Les sources de la citation.** Elles sont indiquées entre parenthèses après la citation (nom de l'auteur), ou dans le fil de la phrase *D'après le témoin, « le feu s'est propagé très vite. »*

3 *Mettez en valeur la citation*

• **L'explication.** Développez d'abord le sens de la citation, en une ou deux phrases.
• **Le commentaire.** Indiquez ensuite ce qu'elle montre en la commentant ou en la discutant.

Exercice 1 ●○○

Repérez dans la copie d'élève suivante : la citation, sa source, son explication et son commentaire.

Selon Albert Camus, « il va falloir choisir [...] entre le suicide collectif ou l'utilisation intelligente des conquêtes scientifiques » (document 1). Cette phrase signifie que le nucléaire menace l'humanité tout entière s'il est mal utilisé. En effet, les hommes n'utilisent pas toujours bien leurs inventions, qui ont parfois des conséquences négatives.

Exercice 2 ●○○

Parmi ces citations, laquelle pourriez-vous utiliser pour évoquer les plaisirs de la lecture ? Justifiez votre réponse.

a. « La lecture encombre la mémoire et empêche de penser. » (Wells)

b. « La lecture, une porte ouverte sur un monde enchanté. » (Mauriac)

c. « Si les livres ne correspondent pas à notre humeur présente, nous ne les trouvons pas bons. » (Cocteau)

Exercice 3 ●○○

1. Quelles erreurs les élèves suivants ont-ils fait en citant le texte étudié ?

2. Réécrivez chaque citation de manière à en corriger les erreurs.

Texte étudié. Chacun connaît des couples fusionnels, profondément soudés, sur lesquels le temps ne semble pas avoir de prise. Après vingt ou trente ans de vie commune, ils continuent à se couver des yeux. Mais ces couples sont rares, la fragilité des sentiments semblant plutôt la règle. (Jean-François Dortier)

Citation 1. L'auteur explique qu'il y a des couples fusionnels mais il ajoute que ces couples sont rares, la fragilité des sentiments étant plutôt la règle.

Citation 2. Il est rare « de voir des couples fusionnels », même s'ils existent et sont touchants. Pour l'auteur, la règle est plutôt la fragilité des sentiments.

Citation 3. « L'amour ne rime pas avec toujours », comme le cite l'auteur, pour qui l'amour montre plutôt la fragilité des sentiments.

Astuce : citer les auteurs du corpus.

À l'examen, pour répondre à une question d'analyse, n'hésitez pas à surligner les éléments de réponse qui se trouvent dans les textes. Lorsque vous rédigez votre réponse, pensez à vérifier que toutes les expressions surlignées sont bien recopiées entre guillemets.

Exercice 4 ●●○

1. Quelle citation du texte suivant choisiriez-vous pour expliquer l'opinion défendue par l'auteur ?

2. Présentez l'opinion de l'auteur en le citant.

Je ne pourrais pas me passer de lire la presse. Ce besoin irrésistible m'a parfois poussé, lors de vacances dans des pays lointains, à des expéditions longues et compliquées pour obtenir un journal, quel qu'il soit, parce que j'espérais y déchiffrer un semblant de température du monde.

Philippe Labro, *La Fureur de lire la presse*, FNPF, 1992.

Exercice 5 ●●○

Complétez l'explication suivante après l'avoir recopiée. La première phrase à compléter explique la citation. La seconde donne un avis personnel sur l'opinion défendue par l'auteur.

Dans le document 1, Isabel Allende explique .... « les souvenirs [...] sont comme de la fumée, si changeants et éphémères que si on ne les écrit pas, ils disparaissent dans l'oubli ». À travers cette comparaison, elle veut dire que... Selon moi, elle a raison/tort, car..................

Exercice 6 ●●●

Présentez l'image suivante en citant un élément du texte qui y figure.

Répondre à une question de lecture

Dans certains cas, la réponse à une question doit se présenter sous la forme d'un paragraphe argumenté. Dans d'autres cas, il peut s'agir d'un simple relevé ou d'un titre à donner.

EXEMPLE

Texte

Alors que le peste se répand dans la ville, le personnage de Tarrou propose son aide au docteur Rieux. Celui-ci l'avertit des dangers.

– Je ne me suis pas habitué à voir mourir. Je ne sais rien de plus. [...]

– Oui approuva Tarrou, je peux comprendre. Mais vos victoires seront toujours provisoires, voilà tout.

Rieux parut s'assombrir.

– Toujours, je le sais. Ce n'est pas une raison pour cesser de lutter.

– Non, c'est n'est pas une raison. Mais j'imagine alors ce que doit être cette peste pour vous.

– Oui, dit Rieux, une interminable défaite.

[...] Les escaliers restaient plongés dans la nuit. Le docteur se demandait si c'était l'effet d'une nouvelle mesure d'économie. Mais on ne pouvait pas savoir. Depuis quelque temps déjà, dans les maisons et dans la ville, tout se détraquait.

Albert Camus, *La Peste*, Éd. Gallimard, 1947.

Question : Quel est l'objet de la discussion entre les deux personnages du texte 1 ? Étudiez la progression de leur dialogue.

Le texte est un dialogue entre deux personnages du roman d'Albert Camus, La Peste. Dans ce dialogue, le docteur Rieux raconte comment il est devenu docteur et ce qui l'a surpris : « on ne s'habitue jamais à « voir mourir » (l. 1).

→ La première phrase rappelle le thème de la question.

Ensuite, l'autre personnage, appelé Tarrou, le pousse à se confier : « je peux comprendre », (l. 2). Il n'y a pas de désaccord entre eux. Il essaye de le réconforter car il comprend que devant la peste, le métier de médecin doit sembler bien difficile. « Ce n'est pas une raison pour cesser de lutter », lui répond le docteur Rieux.

→ La réponse est argumentée et illustrée par des citations.

Mais il semble découragé, comme le montre sa dernière réplique. La peste est pour lui « une interminable défaite » (l. 7).] On le voit, il se sent impuissant devant cette terrible maladie.

→ La dernière phrase est une conclusion personnelle.

Méthode

I *Répondre à une question de compréhension*

Objectif de la question. Elle attend du candidat qu'il montre qu'il a bien compris les textes ou le document iconographique.
Caractéristiques de la réponse. Ce sont des questions simples, mais qui appellent des réponses précises. Les questions de compréhension peuvent porter sur l'intrigue d'un roman, sur l'objet d'un dialogue, sur un débat, sur un article de presse... .

II *Répondre à une question d'interprétation*

Objectif de la question. Elles conduisent à s'interroger sur l'intention de l'auteur et la manière dont il veut toucher le lecteur.
Caractéristiques de la réponse. La question suppose d'analyser l'écriture d'un texte, sa progression, la construction d'une argumentation et les procédés d'écriture (champ lexical, comparaison, métaphore, énumération…). On explique pourquoi l'auteur les a utilisés.

III *Répondre à une question de synthèse*

Objectif de la question. Elle demande d'établir des liens entre les différents documents d'un corpus de manière à repérer en quoi ils illustrent l'objet d'étude au programme et le thème du corpus.
Caractéristiques de la réponse. On indique l'auteur, le thème, l'époque et le genre de chaque document. On relève les points communs et les différences. On indique enfin la problématique posée par le corpus.

IV *Rédiger la réponse*

- **Les étapes de la réponse.** On répond d'abord de façon précise à la question posée. Dans la suite du paragraphe, on justifie cette réponse par des explications et des citations.

- **Les connecteurs à utiliser.** Les connecteurs d'énumération soulignent l'ordre des idées (*d'abord, ensuite, de plus…*). Les connecteurs logiques soulignent la rigueur du raisonnement (*c'est ainsi que, par exemple, en effet, par conséquent…*).

- **Les citations.** Elles sont indispensables pour se justifier. On cite des mots, des expressions ou de courts passages des documents. Les citations sont recopiées et placées entre guillemets.

Exercice 1

Classez les questions suivantes en trois catégories : compréhension, interprétation, synthèse.

a. Vous rendrez compte en quelques phrases de ce qui fait l'unité du corpus.
b. Quelle est la cible du caricaturiste dans le document iconographique ?
c. Quel est l'objet du débat entre les deux personnages de la pièce ? Expliquez qui est le plus convaincant.
d. Donnez un titre au corpus après en avoir expliqué la composition.
e. Analysez la progression de l'argumentation et les procédés mis en œuvre par l'auteur pour convaincre dans le texte 2.
f. Étudiez la composition de l'image et les différentes significations qu'on peut lui apporter.
g. Présentez les documents du corpus en exposant leur thématique commune.

Exercice 2

1. Que doit chercher le candidat dans le texte, d'après la question qui suit ?
2. Comment le candidat doit-il justifier sa réponse ? Où doit-il rechercher des éléments de réponses ?

Question. En étudiant le lexique et les procédés argumentatifs mis en œuvre, montrez comment l'auteur du texte 2 cherche à convaincre son auditoire.

Exercice 3

1. Sur quels documents porte la question d'interprétation ci-dessous ?
2. Que doit montrer le candidat ? Choisissez la bonne réponse. Justifiez votre choix.

Question. En vous appuyant sur le texte et le document iconographique, montrez que les gestes accompagnant la parole des orateurs renforcent la portée de leur refus.
a. Les gestes des personnages ne sont d'aucune utilité.
b. Les gestes des personnages appuient leur argumentation.
c. Les gestes des personnages montrent leur tension nerveuse.

Exercice 4

Repérez dans les questions suivantes les termes qui indiquent précisément le travail à effectuer.

a. En quoi les personnages des deux textes sont-ils opposés ? Justifiez votre réponse par un relevé précis du vocabulaire.
b. À quel personnage (texte 1 ou texte 2) peut-on rattacher le portrait peint (document 3) ? Justifiez votre réponse avec des détails du texte et du tableau.
c. À qui renvoie le pronom « on » dans les hypothèses émises par l'auteur ? Proposez des synonymes aux différents emplois de ce pronom.

Exercice 5

Recherchez dans le texte trois éléments de réponse à la question posée (vocabulaire, ponctuation, modalité des phrases).

Question. Contre qui et comment la révolte des personnages s'exprime-t-elle dans le texte ?

Texte. *Ariel et Caliban sont des esclaves au service de Prospero, leur maître tyrannique.*
ARIEL. – Je ne crois pas à la violence.
CALIBAN. – À quoi crois-tu donc ? À la lâcheté ? À la démission ? À la génuflexion[1] ? C'est ça ! On te frappe sur la joue droite, tu tends la joue gauche. On te botte la fesse gauche, tu tends la fesse droite ; comme ça, pas de jaloux. Eh bien, très peu pour Caliban !
ARIEL. – Tu sais bien que ce n'est pas ce que je pense. Ni violence, ni soumission. Comprends-moi bien. C'est Prospero qu'il faut changer. Troubler sa sérénité jusqu'à ce qu'il reconnaisse enfin l'existence de sa propre injustice et qu'il y mette un terme.
CALIBAN. — Oh là là ! laisse-moi rigoler ! la conscience de Prospero ! Prospero est un vieux ruffian[2] qui n'a pas de conscience.
ARIEL. — Justement, il faut travailler à lui en donner une. Je ne me bats pas seulement pour ma liberté, pour notre liberté, mais aussi pour Prospero, pour qu'une conscience naisse à Prospero. Aide-moi, Caliban.
CALIBAN. — Dis donc mon petit Ariel, des fois, je me demande si tu n'es pas cinglé !

Aimé Césaire, *Une Tempête,* Éd. du Seuil, 1969.

1. **Génuflexion** : action de fléchir le genou en signe de respect, de soumission.
2. **Ruffian** : bandit.

Exercice 6 ●●○

La réponse qui suit est celle apportée à la question de l'exercice précédent. Qu'est-ce que l'élève a oublié ? Améliorez sa réponse en la complétant.

Les deux personnages sont révoltés contre la même personne. Mais leur manière d'exprimer cette révolte est différente. L'un est très calme tandis que l'autre est énervé. On le voit au vocabulaire et à la modalité des phrases.

Exercice 7 ●○○

1. La réponse à la question d'interprétation ci-dessous est donnée dans le désordre. Retrouvez son ordre logique.

2. Indiquez quels mots et expressions vous ont permis de retrouver cette logique.

Question. En vous appuyant sur une étude précise du texte (lexique, figures de style…), montrez comment l'auteur exprime son indignation devant la pollution des océans.

Les éléments de la réponse

a. En effet, il emploie par exemple des expressions dévalorisantes (« détritus », « égouts à ciel ouvert », « bêtise abjecte », « autorités complaisantes ») pour exprimer son dégoût.

b. L'auteur nous fait ainsi partager sa colère, son effroi devant une situation qui est vécue comme un drame par une grande partie de la population.

c. De plus, les fausses questions poussent le lecteur à réfléchir sur cette situation (« Allons-nous supporter cela plus longtemps ? », « N'est-il pas temps de réagir ? »).

d. À la lecture du texte, on comprend à quel point l'auteur est indigné par la situation dans laquelle la pollution plastique a ravagé les océans.

EXO BAC

Répondez sous forme de paragraphes à chacune des questions suivantes.

1. Annie Ernaux, née en 1940, publie *Les années* en 2008. De quelles années s'agit-il ? Justifiez votre réponse en relevant dans les trois extraits des indices portant sur les temps verbaux, le contexte historique, les détails liés au quotidien.

2. Dans l'extrait 2, le progrès est-il perçu de façon positive ? Sur quels procédés de style s'appuie l'argumentation de l'auteur ?

Les garçons et les filles étaient partout séparés. Les garçons, êtres bruyants, sans larmes, toujours prêts à lancer quelque chose, cailloux, marrons, pétards, boules de neige dure, disaient des gros mots, lisaient *Tarzan* et *Bibi Fricotin*. Les filles, qui en avaient peur, étaient enjointes de ne pas les imiter, de préférer les jeux calmes, la ronde, la marelle, la bague d'or.

………………………………………………………………

Le progrès était dans l'horizon des existences. Il signifiait le bien-être, la santé des enfants, le savoir, tout ce qui tournait le dos aux choses noires de la campagne et à la guerre. Il était dans le plastique et le Formica, les antibiotiques et les indemnités de la Sécurité sociale, l'eau courante sur l'évier et le tout-à-l'égout, les colonies de vacances, la continuation des études et l'atome. Il faut être de son temps, disait-on à l'envi*, comme une preuve d'intelligence et d'ouverture d'esprit.

* **À l'envi** : sans arrêt.

………………………………………………………………

L'avenir n'était qu'une somme d'expériences à reconduire, service militaire de vingt-quatre mois, travail, mariage, enfants. On attendait de nous l'acceptation naturelle de la transmission. Devant ce futur assigné, on avait confusément envie de rester jeunes longtemps. Les discours et les institutions étaient en retard sur nos désirs.

………………………………………………………………

Annie Ernaux, *Les Années*, Éd. Gallimard, 2008.

Texte 1

« Anthropocène » est un nouveau terme que certains scientifiques utilisent pour désigner la période à partir de laquelle les activités humaines ont un impact sur tout l'écosystème de la Terre.

Les humains sont devenus les principales forces de transformation de la planète. Au point qu'il est désormais possible de déceler nos empreintes – fibre plastique, os de poulet de supermarché, béton de nos constructions… – en train de fossiliser dans les couches sédimentaires de la Terre. Mais on peut aussi adopter une vision politique et définir l'anthropocène comme un changement radical de nos rapports avec la Terre. Pendant des siècles, on a considéré qu'elle était l'astre céleste sur lequel nous habitions, gouverné par les lois des sciences naturelles, tandis que les humains organisaient le monde selon les lois des sciences humaines et sociales. Comme si le monde et la Terre étaient séparés, que rien de ce qui se passait dans le monde ne pouvait affecter la Terre. L'anthropocène nous dit que cette distinction ne tient pas. Non seulement la Terre a une influence sur nous, mais nous avons une influence sur elle. Et il va falloir inventer les moyens de gouverner sur cette nouvelle Terre… […]

La pollution des sols, l'acidification des océans, la crise de la biodiversité ou celle du climat font partie d'un seul et même ensemble qui nous oblige à repenser notre rapport à la Terre. Les incendies de la forêt amazonienne, par exemple, concernent autant le climat, la biodiversité, les peuples amérindiens[1] que l'agriculture et le commerce mondial. C'est dire l'immensité du chantier.

François Gemenne (chercheur et membre du Giec, Groupe d'experts intergouvernemental sur l'évolution du climat), *Télérama*, n° 3652, du 11 au 17 janvier 2020.

1. **Amérindiens** : indiens d'Amérique.

Document 2

En septembre 2019, une marche pour le climat a réuni des milliers de jeunes dans les rues de Lyon.

Texte 3

ÉCOLOGIE, LA NOUVELLE GÉNÉRATION PASSE AUX ACTES

Je suis un étudiant parisien de 16 ans. J'ai été sensibilisé comme tout le monde à l'école et par mes parents, puis cela m'a semblé légitime de m'engager dans une cause. Ce n'était pas suffisant de divulguer un message sans m'investir plus personnellement. J'ai notamment pris la décision de devenir végétarien depuis plusieurs mois. Je n'ai pas espoir que ma personne va changer les choses, mais je voulais m'investir concrètement, ne plus être dans la théorie. J'aimerais bien travailler dans l'humanitaire ou le développement durable et il m'a semblé nécessaire de m'investir dès maintenant. Aujourd'hui, cela m'amène à avoir des conversations avec des amis que cela surprend toujours. Il y a une différence de point de vue mais notre génération risque de subir l'impact direct du bouleversement climatique. Le changement passera par l'investissement de chacun, mais à partir du moment où tout le monde est conscient, je pense qu'on en est capables.

Nelson Rémy, 16 ans, lycéen à Gentilly, *Libération.fr*, mars 2019.

Première partie : compétences de lecture (10 points)

Compréhension

1 Proposez un titre pour ce corpus de textes et d'image.

2 Expliquez précisément l'idée que l'auteur défend dans le texte 1.

Interprétation

3 Selon l'auteur du texte 1, qu'est-ce qui a changé dans nos rapports avec la planète ?

4 Avec quels arguments, dans le texte 3, le jeune lycéen justifie-t-il son engagement ?

Confrontation

5 Quelles sont les différentes façons de s'engager pour la planète ? Répondez en faisant directement référence aux documents du corpus.

Deuxième partie : compétences d'écriture (10 points)

Le jeune lycéen interrogé dans le texte 3 affirme : « le changement passera par l'engagement de chacun ». Partagez-vous cette opinion ?

Répondez en vous appuyant sur les documents du corpus et vos connaissances personnelles, dans un développement argumenté d'une quarantaine de lignes.

Travailler permet de gagner sa vie tout en exerçant les compétences que l'on a acquises. Le travail est à la fois une nécessité et la source d'un enrichissement personnel. C'est un moyen de se réaliser, de transmettre et d'acquérir des valeurs fortes. Il donne un sens à la vie.

L'homme au travail

Le travail permet-il à l'homme de s'épanouir ?

Matthew B. Crawford

Né en 1965, chercheur à l'université de Virginie aux États-Unis, Matthew B. Crawford mène une réflexion sur la place de l'individu dans la société contemporaine. Il s'interroge sur la valeur du travail, l'évolution des emplois et les conséquences de la mondialisation. *Éloge du carburateur* est un essai dans lequel Matthew B. Crawford raconte un itinéraire personnel singulier, tout d'abord comme apprenti électricien, puis étudiant à l'université.

Vidéo
liennathan.fr/202rrv

C'est à la veille de mes quatorze ans que j'ai commencé à travailler comme assistant d'un électricien. À l'époque, j'avais quitté le lycée, et j'ai continué à travailler à plein temps jusqu'à l'âge de quinze ans, après quoi j'ai exercé le métier d'apprenti électricien pendant les vacances d'été, jusque pendant mes premières années de fac, et ce en assumant des responsabilités de plus en plus importantes. À l'université, j'ai fini par obtenir un diplôme de premier cycle en physique mais, en l'absence de débouché professionnel immédiat, j'étais bien content de pouvoir mettre à profit mes compétences d'artisan, et c'est ainsi que je me suis mis à mon compte à Santa Barbara.

Le moment où, à la fin de mon travail, j'appuyais enfin sur l'interrupteur (« Et la lumière fut ») était pour moi une source perpétuelle de satisfaction. J'avais là une preuve tangible de l'efficacité de mon intervention et de ma compétence. Les conséquences de mon travail étaient visibles aux yeux de tous, et donc personne ne pouvait douter de ladite compétence. Sa valeur sociale était indéniable. J'étais parfois estomaqué à la vue d'un faisceau de câbles convergeant vers un panneau de contrôle industriel, déployant leurs courbes et leurs ramifications, et se rejoignant tous sur la même surface. Il s'agissait là d'un exploit technique tellement au-dessus de mes capacités que j'en arrivai à considérer son auteur comme un véritable génie, et j'étais certain que l'homme qui avait ainsi dompté ce faisceau de câbles avait ressenti l'exaltation engendrée par son accomplissement. Ma spécialité, c'était plutôt les circuits d'immeubles résidentiels ou d'éclairage commercial basique, et le résultat de mon travail était généralement dissimulé à la vue, caché à l'intérieur des murs. Ce qui ne m'empêchait pas de ressentir une certaine fierté chaque fois que je satisfaisais aux exigences esthétiques d'une installation bien faite. J'imaginais qu'un collègue électricien contemplerait un jour mon travail.

Plus tard Matthew reprend des études. Mais passionné de mécanique, il ouvre un atelier de réparation de motos.

Socialement, être propriétaire d'un atelier de réparation de motos dans une petite ville me gratifie d'un sentiment que je n'avais jamais eu auparavant. Je sens que j'ai une place dans la société. Si quelqu'un vous demande ce que vous faites dans la vie et que vous êtes bien en peine de vous l'expliquer à vous-même, dire que vous travaillez pour un *think tank*[1] vous fera gagner quelques secondes de répit, mais si vous dites que vous réparez des motos, il n'y a plus aucune ambiguïté. C'est comme ça que je peux troquer des services avec des métallos et des chaudronniers, une pratique qui n'a pas du tout le même sens que les échanges monétaires et qui renforce mon sentiment d'appartenance à la communauté. À Richemond, il y a trois restaurants dont les cuisiniers font réparer leur moto chez moi ; peut-être que je me fais des idées, mais j'ai l'impression qu'on m'y reçoit comme un bienfaiteur plein de sagesse.

Éloge du carburateur, Matthew B. Crawford, 2016, Éd. La découverte.

1. Think tank : groupe de réflexion et d'études.

Matthew B. Crawford dans son atelier de réparation de motos anciennes.

Vers le Bac

Le genre d'un texte

On distingue quatre genres littéraires.

Le genre poétique : texte écrit en prose ou en vers ; sonnet, chanson, ballades, calligrammes.
Le genre narratif : roman, nouvelle, conte, récit, autobiographie, biographie, mémoires.
Le genre théâtral : comédie, tragédie, drame, tragi-comédie.
Le genre argumentatif : essai, article, discours, pamphlet, fable.

Attention : il se peut que plusieurs genres se confondent. Exemple : la fable appartient à la fois au genre narratif, poétique et argumentatif.

Question. À quel genre littéraire appartient *L'éloge du carburateur* ? Relevez tous les indices qui vous permettent de le déterminer.

Questions

Découverte

- Matthew B. Crawford travaille-t-il seulement pour gagner sa vie ?
- En quoi le travail est-il source d'épanouissement ?

Analyse

1. Matthew B. Crawford obtient un diplôme universitaire en physique, pourtant il décide de s'installer comme électricien. Pourquoi ? Précisez ses motivations.
2. En quoi le travail d'électricien est-il pour lui « une source perpétuelle de satisfaction » ?
3. Quelle image donne-t-il du métier d'électricien ?
4. Montrez qu'exercer un métier manuel lui a permis de prendre confiance en lui.
5. En quoi le fait de devenir propriétaire d'un atelier de réparation de motos a-t-il changé sa vie ?
6. Comment s'exprime la reconnaissance des habitants de Richmond à son égard ? Relevez des exemples précis.

Compétences d'écriture

Écrire un paragraphe d'argumentation

Répondez à la question ci-dessous dans un texte d'une vingtaine de lignes. Évoquez à la manière de Matthew B. Crawford, tout d'abord votre satisfaction devant le travail accompli, puis ce que cette expérience vous a apporté.

Question. Quelle expérience professionnelle vous a rendu particulièrement fier de vous ?

Orientation BTS

La synthèse

Parmi les différentes problématiques ci-dessous, laquelle vous semble correspondre le mieux à *L'éloge du carburateur* ? Justifiez votre réponse pour chacune des propositions.

- En quoi le travail est-il source de pénibilité ?
- Dans quelle mesure le travail permet-il à l'homme de trouver sa place dans la société ?
- Le travail rend-il heureux ?

Lecture

Jean de La Fontaine

Il est né en 1621 et est décédé en 1695. Après avoir exercé la fonction d'avocat puis de maître des eaux et forêts, La Fontaine fréquente les salons parisiens. Il devient célèbre dès son premier recueil de fables qu'il dédie au Dauphin, fils aîné de Louis XIV. Il est élu, à la fin de sa vie, à l'Académie française. Tout en s'inspirant des fabulistes de l'Antiquité, La Fontaine pose un regard critique sur la société. Ses textes poétiques invitent à réfléchir sur la condition humaine.

Le bonheur au travail

À l'origine, le travail est associé à l'idée de pénibilité, à la souffrance physique et psychologique. Pourtant, il n'est pas qu'une contrainte que l'on subit. Il permet de s'accomplir et de participer à la vie de la société. On peut alors se demander s'il est possible d'être heureux au travail.

TEXTE 1

Le laboureur et ses enfants

Travaillez, prenez de la peine :
C'est le fonds[1] qui manque le moins.
Un riche Laboureur, sentant sa mort prochaine,
Fit venir ses enfants, leur parla sans témoins.
Gardez-vous, leur dit-il, de vendre l'héritage
Que nous ont laissé nos parents.
Un trésor est caché dedans.
Je ne sais pas l'endroit ; mais un peu de courage
Vous le fera trouver, vous en viendrez à bout.
Remuez votre champ dès qu'on aura fait l'Oût[2].
Creusez, fouiller, bêchez ; ne laissez nulle place
Où la main ne passe et repasse.
Le père mort, les fils vous retournent le champ
Deçà, delà, partout ; si bien qu'au bout de l'an
Il en rapporta davantage.
D'argent, point de caché. Mais le père fut sage
De leur montrer avant sa mort
Que le travail est un trésor.

Jean de La Fontaine, « *Le laboureur et ses enfants* », V, 9, Fables, 1668.

1. **Le fonds** : le capital, la ressource.
2. **L'Oût** : le mois d'août.

TEXTE 2

Si le travail est généralement regardé[1] comme un mal, c'est que, dans la plupart des gouvernements[2], on ne se procure le nécessaire que par un travail excessif ; c'est que l'idée du travail rappelle en conséquence toujours l'idée de la peine.

Le travail cependant n'en est pas une en lui-même. L'habitude nous le rend-elle facile ? Nous occupe-t-il sans trop nous fatiguer ? Le travail, au contraire, est un bien. Que d'artisans devenus riches continuent encore leur commerce, et ne le quittent qu'à regret lorsque la vieillesse les y contraint ! Rien que l'habitude ne rende agréable.

Dans l'exercice de sa charge, de son métier, de sa profession, de son talent, le magistrat qui juge, le serrurier qui forge, l'huissier[3] qui exploite, le poète et le musicien qui composent, tous goûtent à peu près le même plaisir, et, dans leurs travaux divers, trouvent également le moyen d'échapper au mal physique de l'ennui. L'homme occupé[4] est l'homme heureux.

Claude-Adrien Helvétius, *De l'homme*, 1773.

1. **Regardé** : considéré.
2. **Gouvernements** : comportements.
3. **Huissier** : homme de loi chargé de faire appliquer les décisions de justice.
4. **Occupé** : qui travaille.

Vers le Bac

L'argumentation directe et indirecte

L'argumentation directe. La thèse défendue par l'auteur est parfois explicite. Elle est clairement exposée et argumentée.

L'argumentation indirecte. La thèse peut être sous-entendue, on dit qu'elle est implicite. C'est alors au lecteur de comprendre, à travers l'histoire et les personnages, le point de vue exprimé. L'objectif est de persuader le lecteur tout en le divertissant.

L'apologue. Le genre le plus représentatif de l'argumentation indirecte est l'apologue : un court récit plaisant dont on peut tirer un enseignement.

Question. Montrez que la fable de La Fontaine a les caractéristiques d'un apologue.

DOCUMENT 3

SONDAGE Ifop POUR PÈLERIN

Sondage réalisé par l'institut Ifop pour le magazine *Pèlerin* en avril 2016.

Compétences d'écriture

Utiliser l'argumentation indirecte

« L'homme occupé est heureux. »

Imaginez un court récit en vers ou en prose qui illustre cette affirmation. Respectez les caractéristiques de l'apologue.

Présentez tout d'abord le personnage principal (homme ou animal). Racontez ensuite comment il réussit à se tirer d'une situation embarrassante ou à surmonter un obstacle. Terminez votre texte par la morale.

Questions

Découverte

- D'après les documents, le travail est-il un mal ou un bien ?
- Partagez-vous cette vision du travail ?

Analyse

1. Le laboureur a-t-il menti à ses enfants (texte 1) ? Qu'a-t-il voulu leur transmettre ?
2. Quelle est la morale de l'histoire ? En quoi fait-elle l'éloge du travail ?
3. Quelle est la thèse défendue par Helvétius (texte 2) ? Où est-elle formulée ?
4. Relevez les arguments en sa faveur.
5. Quelle question l'institut Ifop a-t-il posée aux Français ? Analysez les résultats du sondage. Qu'en retenez-vous ?
6. Après avoir confronté les documents, dites quelles sont les valeurs associées au travail.

Orientation BTS

L'écriture personnelle

Répondez à la question ci-dessous. Tout d'abord, expliquez le sens de la citation de La Fontaine. Trouvez ensuite trois arguments qui font l'éloge du travail, puis trois arguments qui démontrent que le travail peut parfois être associé à la contrainte, voire à la souffrance.

Sujet. Êtes-vous d'accord avec La Fontaine qui considère que « le travail est un trésor » ?

Lecture

Ernest Renan

Écrivain et intellectuel (1823-1892), il a mené des recherches sur l'histoire des religions. Son livre *La vie de Jésus* publié en 1863 a connu un grand retentissement. C'est un esprit curieux qui s'est aussi intéressé aux sciences et à leur place dans la société. Renan pense que les progrès techniques et scientifiques peuvent apporter beaucoup au peuple.

Les robots dans le monde du travail

Les progrès des sciences et de la technologie ont révolutionné le monde du travail. La mécanisation, puis aujourd'hui la robotisation, ont délivré les hommes des tâches les plus contraignantes. De nouveaux comportements sont apparus, une collaboration entre hommes et robots est née.

TEXTE 1

Alors qu'il veut se présenter aux élections législatives pour devenir député, Ernest Renan prononce ce discours lors d'une réunion publique devant une assistance d'agriculteurs et d'ouvriers.

Je n'ai aucun doute sur l'avenir. Je suis convaincu que les progrès de la mécanique, de la chimie, seront la rédemption[1] de l'ouvrier ; que le travail matériel de l'humanité ira toujours en diminuant et en devenant moins pénible, que, de la sorte, l'humanité deviendra plus libre de vaquer[2] à une vie heureuse, morale, intellectuelle. Jusqu'ici la culture de l'esprit n'a pu être qu'une chose de luxe, car les besoins matériels sont impérieux[3], il faut avant tout les satisfaire. La condition essentielle du progrès est que cette satisfaction devienne de plus en plus facile, et il n'est pas trop hardi de prévoir un avenir où, avec quelques heures de travail peu pénible, l'homme acquittera sa dette de travail, rachètera sa dette de liberté. Soyez sûr que c'est à la science que l'on devra ce résultat. Aimez la science, Messieurs, respectez-la. Croyez-le, c'est la meilleure amie du peuple.

Ernest Renan, « Science et démocratie, les services que la science rend au peuple », discours prononcé à Lagny en 1869.

1. **Rédemption** : action de progrès, délivrance.
2. **Vaquer** : s'occuper de.
3. **Impérieux** : nécessaires.

Vers le Bac

Les différentes formes d'un texte d'idées

Le texte d'idées relève du discours argumentatif. Il défend un point de vue.

L'essai. C'est une réflexion personnelle et approfondie sur un sujet dans divers domaines : la philosophie, la sociologie...

Le discours. Il s'adresse à un auditoire qu'il tente de convaincre en mettant en œuvre des procédés rhétoriques.

La lettre ouverte. C'est un texte adressé à une personne et rendu public par l'intermédiaire d'un média. Le contenu est souvent polémique.

Le manifeste. C'est un texte qui défend un ensemble d'idées et édicte les règles d'un mouvement politique ou artistique.

Question. Le texte 2 est-il un essai, un discours, un manifeste ? Appuyez-vous sur des caractéristiques précises pour répondre.

TEXTE 2

Ordinateurs surpuissants, robots autonomes et intelligences artificielles sont facteurs de progrès majeurs.

L'étendue du champ d'application des récentes découvertes est immense et promet de transformer radicalement nos modes de vie, potentiellement pour le meilleur. Les robots automates pourraient bien demain améliorer la quantité et la qualité de la production industrielle, apporter une plus-value sociale en réduisant la pénibilité au travail et faciliter la vie quotidienne des consommateurs par une assistance domestique inégalée.

Pour les humains, il s'agira plus souvent de surveiller, de réparer, de réentraîner, d'éduquer les machines que de faire le travail soi-même. De nouveaux métiers vont émerger : concepteur, entraîneur, vérificateur, éducateur, évaluateur de l'intelligence artificielle et des robots. De fait, beaucoup de robots sont conçus pour être

1. **Émancipation** : action de se libérer.
2. **Laurence Devillers** est chercheuse et membre de la Commission française de réflexion sur la recherche en sciences et technologies du numérique.

avant tout complémentaires de l'homme : même s'il est appelé à représenter le quart des effectifs de la police locale d'ici 2030, le fameux Robocop de Dubaï a ainsi vocation à informer les policiers, pas à se substituer à eux quand il s'agit d'effectuer des arrestations.

Et si les machines peuvent nous épauler, voire nous remplacer à terme pour certaines tâches, les prototypes actuels sont loin d'être encore au point. En vérité, un consensus se dessine autour de l'idée que les métiers nécessitant empathie, adaptabilité et créativité resteront le lot des humains, tandis que les métiers pénibles, dangereux et répétitifs sont destinés à être pris en charge par des machines.

Publié le 29 janvier 2019 sur le site *Capital.fr*.

Orientation BTS

La synthèse

Mettez en évidence les caractéristiques du corpus. Dans un premier temps, identifiez la nature de chacun des documents en vous appuyant sur des indices précis. Puis répondez à la question suivante : « Quelle vision du travail ces documents d'époques différentes proposent-ils ? » Enfin, dégagez une problématique commune à l'ensemble du corpus.

DOCUMENT 3

« Les robots automates pourraient bien demain améliorer la quantité et la qualité de la production… et réduire la pénibilité au travail. » (ligne 3)

Vincent Fournier, *Reem B#5 [Pal]*, Barcelone, 2010.

Questions

Découverte

- La mécanisation puis la robotisation du travail est-elle source de progrès ?
- Quelle relation entre l'homme et la machine évoquent les documents ?

Analyse

1 Quelle est la thèse défendue par Ernest Renan (texte 1) ?

2 Retrouvez dans le texte les arguments qu'il utilise pour soutenir son point de vue.

3 Dans le texte 2, en quoi, la robotique peut-elle être un « un énorme moyen d'émancipation de l'humain » ? Appuyez votre réponse par des exemples précis.

4 Pourquoi, d'après l'article, les robots ne pourront pas complétement remplacer l'être humain ?

5 Vincent Fournier photographie un robot installé derrière un bureau. Selon-vous, est-il une personne comme une autre ?

6 Sa présence est-elle inquiétante ou rassurante ? Justifiez votre réponse.

Compétences de lecture

Reformuler les idées d'un texte

Résumez le texte 2 en un seul paragraphe. Pour reformuler de façon concise et fidèle les idées du texte, respectez les étapes suivantes.

1. Repérez les trois mots et expressions-clés dans chaque paragraphe.
2. Rédigez l'idée directrice de chaque paragraphe sous la forme d'un titre.
3. Utilisez des connecteurs pour enchaîner les idées. Ne reprenez pas les exemples.
4. Reprenez ces mots-clés et construisez des phrases.

Présenter son chef d'œuvre devant le jury

Un oral, comme un entretien, est une épreuve intimidante. 50 % de la note du chef d'œuvre dépend de la qualité de votre oral de présentation. Pour avoir les meilleures chances de succès et en ayant confiance en vous, suivez les quatre étapes suivantes.

1 Préparer sa présentation

• **L'évaluation de l'oral.** Vous présentez votre chef d'œuvre devant un jury composé de deux personnes : un professeur d'enseignement professionnel et un professeur d'enseignement général. Le jury évalue votre capacité à bien présenter votre expérience de la construction du chef d'œuvre. Il évalue aussi le lien que vous faites entre la réalisation du chef d'œuvre et votre « future démarche professionnelle ».

• **La préparation de l'oral.** Vous devez vous exercer pendant l'année, comme si vous étiez le jour de l'oral. Vous devez arriver devant le jury en ayant répété de nombreuses fois, et en ayant en tête tout ce que vous allez dire. Même un bon avocat répète jusqu'à dix fois sa plaidoirie.

2 Présenter à l'oral son chef d'œuvre (5 minutes)

• **L'introduction.** Évoquez le titre de votre chef d'œuvre. Expliquez le cadre plus général lequel il s'inscrit et quel a été votre objectif.

• **Le déroulement de l'exposé.** Celui-ci s'organise en plusieurs parties (deux ou trois). Chaque partie doit porter sur un point précis : un aspect de la construction, l'évolution d'une action, une idée importante, un point technique…

• **La conclusion.** Formulez un avis personnel en montrant au jury ce que votre travail vous a apporté en compétences, en connaissances, en réflexion, en ouverture d'esprit. Et quel est le lien avec votre métier.

3 Répondre aux questions du jury (10 minutes)

• **Le rôle des questions.** Les questions du jury servent à préciser vos connaissances. Elles peuvent vous aider à reprendre un point technique sur lequel vous êtes, peut-être, vite passé. Ce ne sont jamais des pièges.

• **La compréhension des questions.** Écoutez attentivement les questions, afin d'y répondre calmement et clairement. Lorsqu'une question n'est pas comprise, n'hésitez pas à redemander sa reformulation.

4 Adapter son attitude et son expression

Le jury évalue votre capacité à vous exprimer dans un français correct. Il est favorablement impressionné par une attitude sereine, un ton posé, une implication dans le travail. Soyez attentif aux réactions des différents membres. Regardez chacun à tour de rôle. Vous révélez ainsi votre faculté d'adaptation à la communication.

Exercice 1 ●○○

1. Réfléchissez à votre chef d'œuvre et recopiez puis complétez le tableau suivant pour en faire une fiche de préparation à l'oral.

2. Exercez-vous à présenter à l'oral votre fiche.

Titre du chef d'œuvre	
Le temps de la réalisation	
Les aspects techniques	
Deux difficultés principales	
Ce que le chef d'œuvre m'a apporté (connaissances, idées nouvelles…)	
Le lien avec mon futur métier	

Exercice 2 ●●○

Lisez l'exemple suivant d'introduction à un exposé oral. Quels sont ses défauts ? Reconstruisez-la correctement.

« Heu… C'est donc un objet, je veux dire un chef d'œuvre. Mais c'est pas un chef d'œuvre comme les autres, je veux dire… il est simple. Ça s'appelle ………………, et ça parle d'un projet informatique, vraiment bizarre. Des fois, même, c'est curieux. Alors, heu, oui, c'est ça ? Ça va ? Heu, ben je continue… »

Exercice 3 ●●○

1. Laquelle de ces deux conclusions préférez-vous ? Quelles qualités présente-t-elle ?

2. Expliquez les raisons pour lesquelles vous avez éliminé l'autre.

a. *« En définitive, heu…, en conclusion, je veux dire que ma réalisation nous montre qu'on doit avoir drôlement peur de l'avenir, que la planète, elle va sûrement disparaître. Mais bon, on le savait déjà, avec le cinéma, les films, et surtout Internet, les réseaux. Moi, je préfère ça, l'informatique, ça va plus vite que les livres. »*

b. *« En conclusion, cette réalisation présente sa propre solution technique. Elle se révèle pratique et j'envisage de la présenter dans la société qui m'a pris en stage. Ceci pour montrer l'intérêt de ce que j'ai appris et découvert. »*

Exercice 4 ●●○

Classez les questions suivantes en fonction de leur objectif :

a) engager le dialogue avec le candidat ;

b) ouvrir une discussion sur le projet concerné ;

c) ouvrir le dialogue sur l'avenir et les activités personnelles du candidat.

1. « Que pensez-vous de l'entreprise qui vous aide dans votre réalisation technique ? Pourquoi peut-on dire qu'elle est étonnante ? »

2. « Quel avenir professionnel envisagez-vous ? »

3. « Vous avez dit que le chef d'œuvre, que vous venez de nous présenter, s'inscrit dans un cadre plus vaste. Expliquez-nous ce que vous voulez dire ».

4. « Que pensez-vous de votre prestation orale ? ».

5. « En dehors du lycée, quelles sont vos activités culturelles et professionnelles ? ».

Exercice 5 ●●●

1. Vous vous organisez à trois. À tour de rôle. Le premier fait l'exposé de son chef d'œuvre, le second pose des questions, le troisième analyse l'oral.

2. Après une première présentation, vous en discutez, puis l'un d'entre vous présente son propre projet à l'oral pendant cinq minutes.

3. Posez trois questions : une qui demande une précision, une qui évoque le cadre du travail, une sur l'avenir professionnel.

Exemples de questions posées :

a. « Vous avez terminé votre exposé ? Pourquoi avoir choisi ce projet de chef d'œuvre ? »

b. « Parlez-moi un peu de la séquence à laquelle vous reliez ce projet. »

c. « Quels autres projets avez-vous écartés avant de choisir celui-là ? »

d. « Pour terminer, que vous a apporté ce travail ? »

	Qualités dans l'exposé	Points à améliorer
Le langage		
Le volume de la voix		
L'articulation et le débit		
Les tics de langage		
Le regard et les mimiques		
La gestuelle		

Justifier un point de vue personnel

Donner un point de vue, c'est exprimer un choix. Cela revient à se placer dans une situation d'argumentation. Celui qui argumente doit convaincre son destinataire. Pour cela, il est nécessaire de mettre en place une stratégie destinée à défendre son point de vue.

1 Affirmez votre point de vue

• **Commencez par énoncer clairement,** à l'écrit ou à l'oral, la thèse, l'opinion, le point de vue que vous défendez.
• **Justifiez et expliquez ensuite votre choix,** en une ou deux phrases, introduites par un connecteur.
• **Impliquez-vous dans les phrases** au moyen des marques de la première personne du singulier (*Je, personnellement, selon moi...*).

2 Apportez des arguments logiques

• **Le recours aux faits.** Il évoque un fait précis, un exemple, un témoignage, une loi.
• **L'appui sur les valeurs.** Il fait appel aux grands principes partagés par tous : la liberté, la justice, la solidarité…
• **L'argument d'autorité.** Il se fonde sur le point de vue d'un spécialiste, d'un organisme officiel, de chiffres qui font autorité.
• **L'appel aux émotions.** Il repose sur la sensibilité du destinataire, celui auquel on s'adresse.

Justifier un point de vue personnel

3 Utilisez les connecteurs d'énumération

Ils structurent la pensée pour mieux convaincre le destinataire. Ils soulignent la progression du raisonnement.
→ *D'une part, d'autre part, enfin… D'abord, ensuite, enfin… Pour commencer, pour suivre, pour conclure…*

Exercice 1 ●○○

1. Confrontez la réponse 1 à la réponse 2. Quelles différences constatez-vous ?

2. Repérez dans la réponse 2 : l'expression du point de vue, sa justification, les arguments apportés.

3. Relevez les connecteurs. Quel est leur rôle ?

La question : Pensez-vous, comme le personnage du récit, que toute vérité soit bonne à dire ? Ou estimez-vous au contraire qu'il faut parfois éviter de dire la vérité ?

Réponse 1 : Non, il faut éviter de dire la vérité dans certains cas, pour ne pas blesser les gens.

Réponse 2 : Personnellement, j'estime qu'il faut parfois éviter de dire la vérité. En effet, certaines vérités, dans certains cas, n'apportent rien à ceux qui sont concernés.
Premièrement, la vérité peut être blessante : c'est le cas des jugements personnels, des critiques.
Deuxièmement, il existe des situations dans lesquelles il ne nous appartient pas de décider si la vérité est meilleure que le silence : événement tragique, trahison, maladie d'un proche...

Astuce : Bien débuter sa réponse à une question.

À l'écrit, ne commencez jamais par répondre à une question par « oui » ou « non ». Attachez-vous plutôt à reprendre les termes de la question posée pour affirmer votre opinion, sous une forme affirmative ou négative. Justifiez ensuite votre point de vue.

Exercice 2 ●○○

Répondez aux questions suivantes en deux phrases. La première exprime votre point de vue, la seconde le justifie. Le début de la phrase vous est donné entre parenthèses.

a. Le rôle de la presse est-il seulement d'informer ou celle-ci doit-elle aider le lecteur à se faire une opinion ? *(Personnellement, il me semble que...)*

b. « La société moderne laisse-t-elle, selon vous, suffisamment de place à l'imaginaire et aux artistes ? *(Pour ma part, je trouve que...)*

c. Qu'avez-vous pensé de la fin du roman que vous avez étudié ? *(Pour ma part, il m'a semblé que...)*

Exercice 3 ●●○

Complétez chacun des points de vue formulés ci-dessous au moyen d'une explication.

a. Les progrès de la science et des techniques sont tellement spectaculaires que personne ne peut prévoir l'avenir.

b. La multiplication des écrans dans la vie de tous les jours menace l'existence des livres et des journaux tels que nous les connaissons aujourd'hui.

c. Le respect des autres est un devoir universel qui ne dépend d'aucune culture ni religion.

Exercice 4 ●●○

Choisissez deux thèmes dans la liste suivante et ajoutez à chacun trois arguments que vous pourriez apporter, pour ou contre.

Le pour et le contre...
- L'aménagement obligatoire de pistes cyclables en ville.
- L'interdiction des animaux dans les cirques.
- La gratuité des transports en commun.
- La restriction des réseaux sociaux pour les moins de 18 ans.
- La suppression des emballages plastiques.

Exercice 5 ●●●

1. Quel est le point de vue défendu par l'auteur dans le texte suivant ?

2. Quels sont les arguments apportés ? De quel type d'arguments s'agit-il ?

3. Justifiez le point de vue suivant : « Le 21e siècle offrira encore à l'homme des progrès extraordinaires. » Séparez les étapes de votre raisonnement par des connecteurs.

Tout compte fait je suis heureux d'avoir vécu durant notre étonnante époque. Que l'homme ait découvert en un demi-siècle plus de secrets de la nature que nos ancêtres en vingt mille ans, qu'il ait conquis des sources d'énergie si abondantes qu'elles le rendent presque trop fort, qu'il ait entrepris l'exploration du cosmos et nagé dans le vide interstellaire, qu'il vole sur terre de ville en ville à trois fois la vitesse du son, qu'il construise des machines qui calculent et organisent mieux que des cerveaux, c'est à la fois intéressant et admirable.

André Maurois, *Lettre ouverte à un jeune homme*,
Éd. Albin Michel, 1970.

Construire le plan de son argumentation

Un sujet d'écriture vérifie votre capacité à exprimer un point de vue argumenté sur un phénomène de société. Avant de répondre, d'abord au brouillon, à la question posée, il est essentiel de bâtir un plan, de manière à organiser et mettre en valeur ses idées et les connaissances acquises durant l'année.

Exemple de plan d'une argumentation

Le sujet : Pensez-vous, comme l'affirme l'auteur, que « les robots peuvent représenter une menace pour l'humanité » ? Vous appuierez votre argumentation sur les connaissances acquises durant l'année, ainsi que sur votre culture personnelle.

Le plan du développement de l'argumentation

Introduction : Le thème (robotique) et la problématique (est-elle dangereuse ?)

I. La robotique, une découverte majeure

→ La première partie du plan explore un point de vue.

1. L'histoire de la robotique
Explication : rappel du cours

2. Des applications de plus en plus courantes
Explication : travail, drones, robots domestiques…

→ Les robots envahissent notre quotidien et nous aident à mieux vivre.

II. Les menaces de la robotique

→ La seconde partie en explore un autre.

→ Le plan confronte deux points de vue (plan analytique).

1. Des robots de plus en plus intelligents
Explication : ils pourraient « prendre le pouvoir ».
Ex : le film *Robots*

2. Une évolution trop rapide ?
Explication : la SF aime faire peur avec les robots, plus forts que les humains.

→ Les robots ressemblent de plus en plus aux hommes : ils font peur.

III. Mon point de vue

→ La troisième partie exprime un avis personnel.

1. Une vraie aide
2. Mais l'homme conserve une place essentielle

Méthode

I Analyser le sujet

Le travail d'écriture d'argumentation porte toujours sur le développement d'un point de vue sur un thème rattaché au programme. Il pose une problématique, une réflexion, sur laquelle l'élève est invité à s'exprimer.

→ *Pour certains, la lutte contre la pollution est un combat perdu d'avance. Que pensez-vous de ce point de vue ?*

II Rechercher des idées

Le sujet peut poser un thème de réflexion parfois développé dans le corpus et étudié en classe. Il s'agit donc de noter au brouillon, sans faire de phrases, l'ensemble de ses connaissances sur ce thème. On peut les réunir à travers un tableau de synthèse.

Thème	Corpus	Cours/Lectures	Autres
La pollution	– *Opposition des points de vue (optimistes vs pessimistes)* – *Appel à la lutte (doc. icono)*	– *Séquence « La planète en danger ? »*	– *Documentaire de Nicolas Hulot, « Le syndrome du Titanic »* – *Manga : « Les fils de la terre » (Hideaki Hataji)*

III Construire le plan du développement

Le plan vise à organiser les idées recueillies de manière logique, afin d'aboutir à une réponse personnelle à la question posée. Il existe plusieurs types de plans.

- **Le plan thématique.**
  Il expose un thème (première partie) avant de confronter les points de vue (seconde partie). Le point de vue personnel peut être développé dans une troisième partie ou affirmé en conclusion.
  → *I. La pollution*
  II. Un combat perdu d'avance ?
  III. Mon point de vue personnel
- **Le plan dialectique.**
  Il confronte un point de vue (première partie) à un autre point de vue (deuxième partie), avant d'affirmer un avis personnel.
  → *I. Un combat perdu d'avance*
  II. Les raisons d'espérer
  III. Mon avis personnel
- **Le plan analytique.**
  Il envisage un phénomène (première partie), observe ses causes et ses conséquences (deuxième partie), avant de proposer une réponse à la question posée, ou des solutions (troisième partie).
  → *I. La pollution*
  II. Ses causes et conséquences
  III. Les solutions

Exercice 1

Le sujet ci-dessous demande de débattre d'un point de vue. Quel est le thème du débat ? Quelle problématique le sujet pose-t-il ?

Sujet : Pensez-vous, comme l'auteur du texte, que l'accès à la connaissance est facilité par les nouvelles technologies de la communication ?

Exercice 2

1. Quel est le thème abordé par le sujet qui suit ? Combien de questions pose-t-il ?

2. Reformulez la problématique posée par le sujet.

Sujet : Selon vous, quelles raisons poussent certains hommes et certaines femmes à refuser toute nouvelle technologie ? Pourriez-vous partager leur démarche ? Vous répondrez dans un texte argumenté d'une quarantaine de lignes.

Exercice 3

1. Quel est le thème du sujet ? Quelle problématique pose-t-il ?

2. Quelles réponses le texte du corpus apporte-t-il à la question posée ?

3. Complétez le tableau qui suit avec des idées ou des exemples, après l'avoir recopié.

Thème	Corpus
....	– applications positives : .... – applications négatives : ....
Cours/Lectures	**Autres**
– .... –	– ....

Le sujet : Selon vous, contrôle-t-on suffisamment les nouvelles technologies comme celle de la reconnaissance faciale, abordée par le corpus ? Répondez à cette question en vous appuyant sur vos connaissances personnelles et le programme de l'année de Terminale.

Texte

À travers le monde, en quelques années à peine, certaines forces policières et certaines plateformes de réseaux sociaux ont lancé des programmes de reconnaissance faciale – pour identifier un visage dans une photo sur Facebook ou, plus dérangeantes, pour retrouver un visage dans une foule lors d'un match de soccer ou un festival de rue. Qui plus est, ces « visages » s'accumulent dans des bases de données dont l'usage est rarement défini. Le dernier iPhone est passé de l'empreinte digitale à la reconnaissance de visage pour être déverrouillé. La compagnie aérienne *JetBlue* l'expérimente pour accélérer l'embarquement. Des piétons en Chine peuvent recevoir une amende s'ils ont traversé la rue au mauvais endroit.

Agence Science-presse, 17 mai 2019.

Document iconographique

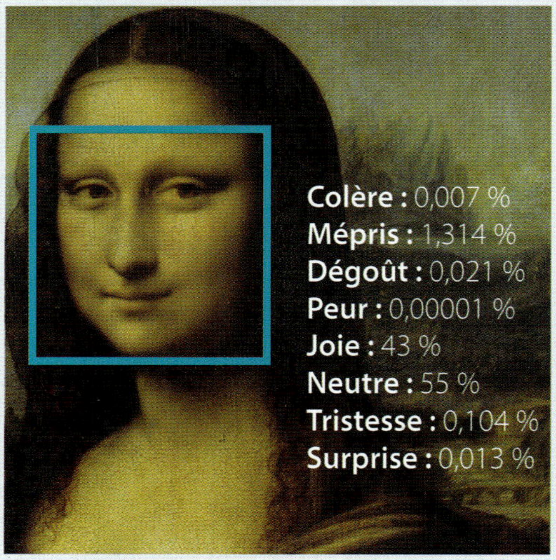

Si la reconnaissance faciale avait existé plus tôt, la Joconde n'aurait plus de secrets pour nous...

Exercice 4

Parmi les thèmes suivants, choisissez celui qui vous intéresse le plus. Réunissez vos connaissances en complétant le tableau après l'avoir recopié.

Liste des thèmes :
- L'homme face la nature
- Le développement des nouvelles technologies
- L'influence des réseaux sociaux
- Les avancées de la génétique
- La conquête de l'espace
- Le dérèglement climatique

– Les énergies renouvelables et l'abandon des énergies fossiles
– Les transformations du monde du travail
– Le monde de demain : relations humaines, travail, vieillissement

Thème	
Définition personnelle	
Cours	
Texte(s), auteur(s) étudié(s)	
Film(s)	
Livre(s)	
Points de vue possible sur ce thème (problématique)	

Exercice 5

1. **Analysez le sujet ci-dessous. Reformulez la problématique qu'il met en place.**
2. **Quelles connaissances et quels exemples pourriez-vous apporter pour développer chaque partie ?**
3. **Complétez l'un des plans proposés ci-dessous, après l'avoir recopié.**

Sujet : L'un des documents du corpus évoque le repli sur soi des adolescents « accros aux écrans ». Partagez-vous la vision pessimiste de l'auteur ?

Plan analytique

I. Le phénomène
1. Définition
2. Explications (avec exemples)

II. Les causes et les conséquences
1. Pourquoi le repli sur soi (les causes)
2. Les conséquences pour les jeunes et l'avenir

III. Les solutions
1. ....
2. ....

Plan dialectique

I. Point de vue A. C'est exact.
1. Les caractéristiques de l'addiction
2. Les causes de l'addiction

II. Point de vue B. Ce n'est pas exact.
1. L'ouverture aux autres
2. L'intérêt pour la vie « réelle »

III. Mon avis personnel
1. ....
2. ....

EXO BAC

1. **Analysez le sujet ci-dessous. Reformulez la problématique qu'il met en place.**
2. **À partir du texte et de vos connaissances, notez au brouillon des idées qui permettraient de répondre au sujet.**
3. **Construisez le plan de votre réponse.**

Le sujet : Avec les avancées scientifiques et technologiques, faut-il s'inquiéter, selon vous, de l'apparition de nouveaux métiers dans le futur ? Répondez sous la forme d'un texte argumentatif de quarante lignes environ, en vous appuyant sur les documents du corpus et de vos connaissances personnelles.

COMMENT TRAVAILLERA-T-ON EN 2049 ?

Dans trente ans, certains de nos collègues seront des robots et des intelligences artificielles. Beaucoup de métiers auront disparu ; d'autres émergeront.

Un hologramme vient de s'asseoir à côté de vous. C'est votre collègue Léopold : comme il travaille à domicile, il se fait représenter par son avatar numérique. Au menu de la réunion, la conception d'une nouvelle génération d'exosquelettes, qui augmentera encore les capacités physiques des manutentionnaires dans les entrepôts.

En sortant du bureau, après vos quarante-cinq minutes de formation quotidienne, vous passez devant un bâtiment encore en construction. Maçons et couvreurs posent les panneaux d'un revêtement dernier cri, capable de capter l'énergie ambiante de l'atmosphère. Dans quelques mois ouvrira ici un labo de culture d'organes humains. À la maison, un colis vous attend. Monsieur Sanzot, votre boucher préféré, vous a expédié de délicieux steaks à base de protéines d'insectes.

En 2049, les métiers que nous connaissons se seront transformés, d'autres auront été inventés. Les enfants aujourd'hui scolarisés en maternelle exerceront, pour les deux tiers d'entre eux, une profession qui n'existe pas encore. Les « aspironauticiens » élimineront les déchets en orbite dans l'espace ; les « robhumaneurs » géreront les conflits entre les hommes et les robots.

Baptiste Legrand, *nouvelobs.com*, octobre 2019.

Texte 1

Dans L'Assommoir, *Émile Zola s'intéresse aux conditions de vie éprouvantes des ouvriers à la fin du XIXe siècle. La révolution industrielle a transformé le travail, les machines sont apparues accélérant les cadences et augmentant la production. Dans cet extrait, l'ouvrier Goujet fait visiter à Gervaise, une blanchisseuse, un atelier de mécanique.*

Il marcha le premier, elle le suivit, dans ce vacarme assourdissant où toutes sortes de bruits sifflaient et ronflaient, au milieu de ces fumées peuplées d'êtres vagues, des hommes noirs affairés, des machines agitant leurs bras, qu'elle ne distinguait pas les uns des autres. Les passages étaient très étroits, il fallait enjamber des obstacles, éviter des trous, se ranger pour se garer d'un chariot. On ne s'entendait pas parler. Elle ne voyait rien encore, tout dansait. Puis, comme elle éprouvait au-dessus de sa tête la sensation d'un grand frôlement d'ailes, elle leva les yeux, elle s'arrêta à regarder les courroies, les longs rubans qui tendaient au plafond une gigantesque toile d'araignée, dont chaque fil se dévidait sans fin ; le moteur à vapeur se cachait dans un coin, derrière un petit mur de briques ; les courroies semblaient filer toutes seules, apporter le branle[1] du fond de l'ombre, avec leur glissement continu, régulier, doux comme le vol d'un oiseau de nuit. Mais elle faillit tomber, en se heurtant à un des tuyaux du ventilateur, qui se ramifiait sur le sol battu, distribuant son souffle de vent aigre aux petites forges, près des machines. Et il commença par lui faire voir ça, il lâcha le vent sur un fourneau ; de larges flammes s'étalèrent des quatre côtés en éventail, une collerette de feu dentelée, éblouissante, à peine teintée d'une pointe de laque ; la lumière était si vive, que les petites lampes des ouvriers paraissaient des gouttes d'ombre dans du soleil. Ensuite, il haussa la voix pour donner des explications, il passa aux machines : les cisailles mécaniques qui mangeaient des barres de fer, croquant un bout à chaque coup de dents, crachant les bouts par derrière, un à un ; les machines à boulons et à rivets, hautes, compliquées, forgeant les têtes d'une seule pesée de leur vis puissante ; les barbeuses[2], au volant de fonte, une boule de fonte qui battait l'air furieusement à chaque pièce dont elles enlevaient les bavures[3] ; les taraudeuses[4], manœuvrées par des femmes, taraudant les boulons et leurs écrous, avec le tictac de leurs rouages d'acier luisant sous la graisse des huiles. Elle pouvait suivre ainsi tout le travail, depuis le fer en barre, dressé contre les murs, jusqu'aux boulons et aux rivets fabriqués, dont des caisses pleines encombraient les coins. Alors, elle comprit, elle eut un sourire en hochant le menton ; mais elle restait tout de même un peu serrée à la gorge, inquiète d'être si petite et si tendre parmi ces rudes travailleurs de métal, se retournant parfois, les sangs glacés, au coup sourd d'une ébarbeuse[5].

Émile Zola, *L'Assommoir*, chapitre VI, 1877.

1. **Branle** : mouvement.
2. **Barbeuses** : machines servant à enlever les aspérités sur des pièces en métal.
3. **Bavures** : parties saillantes d'une pièce.
4. **Taraudeuses** : machines pour percer une pièce en réalisant un filetage.
5. **Ébarbeuse** : polisseuse.

Document 2

Dans une usine automobile en Allemagne, le cobot (robot coopératif) assiste l'opératrice en soulevant de lourdes charges.

Première partie : compétences de lecture (10 points)

Compréhension

1 Lorsqu'elle pénètre dans l'atelier, quelles conditions de travail Gervaise découvre-t-elle ? Appuyez votre réponse sur une analyse précise du vocabulaire, du rythme des phrases et des figures de style.

2 Relevez les expressions qui décrivent les machines comme des créatures inquiétantes.

Interprétation

3 Dans le texte 1, quelle est la place de l'ouvrier par rapport aux machines ?

4 Quelle image le document 2 donne-t-il de la technicienne au travail ? Justifiez votre réponse par des éléments précis.

Confrontation

5 Confrontez les deux documents et montrez avec précision comment le travail a fortement évolué.

6 Quel rôle les machines ont-elles joué dans cette évolution ?

Deuxième partie : compétences d'écriture (10 points)

Faut-il avoir peur des robots dans le monde du travail ?

Répondez à la question en vous appuyant sur les documents du corpus et vos connaissances personnelles, dans un développement argumenté d'une quarantaine de lignes.

SÉQUENCE 10

Les découvertes scientifiques et technologiques ont bouleversé en profondeur le monde dans lequel les hommes vivaient. Dans la seconde moitié du XIXe siècle, ce mouvement s'accélère. Aujourd'hui, la révolution numérique conduit à nous interroger sur le lien entre le bonheur de l'humanité et le progrès des sciences et de la technologie.

Les sciences et la technique

En quoi les avancées scientifiques et technologiques sont-elles porteuses de progrès ?

Michel Serres

Philosophe, historien des sciences, enseignant-chercheur, Michel Serres (1930-2019) est un penseur de renommée internationale. Dans *Petite Poucette*, un essai philosophique paru en 2012, il dresse le portrait d'une génération qui utilise fréquemment le pouce pour pianoter sur le téléphone portable. Curieux de nouvelles technologies, intéressé par l'éducation et la diffusion du savoir, il a entretenu un lien privilégié avec le grand public.

TEXTE 1

Dans C'était mieux avant !, *Michel Serres compare deux époques, celle de l'Europe de l'avant-guerre et celle d'aujourd'hui. Il rappelle comment le progrès technologique a permis d'alléger le travail des hommes.*

Avant, dehors, le travail à la main faisait règle générale : pelle, pioche, fourche, hache, pic, ou rivelaine[1], faux. Pas de mécaniques pour lever les charges, aucun moteur pour soulager la peine, tout au biceps, le dos courbé. Je me souviens de levers à quatre heures : entre cinq et sept, avant le casse-croûte, il fallait charger le sable, de gravillons ou de cailloux cassés les deux dix tonnes et le gros, de vingt tonnes. À trois ou quatre : un de chaque côté du camion, l'autre à l'arrière. À la pelle pour le sable et le gravillon, à la fourche à neuf brins[2] pour les cailloux cassés. Le temps de déjeuner, les trois camions revenaient à vide et nous recommencions. Le chauffeur, parfois, nous donnait un coup de main. Vingt ans après, bénédiction : une bande transporteuse permit que le poids de la pelle ne montât plus au-dessus de la tête, mais restât au ras du sol. Paradis. Vingt ans après encore, fourches et pelles se rangèrent derrière le garage, on n'en entendit plus parler, tracteurs et pelles mécaniques courant et roulant sur les chantiers. On vit même les pioches remplacées par les marteau-piqueurs. Super-paradis. Sauf pour les oreilles.

Miche Serres, *C'était mieux avant !*, Éd. Le Pommier/Humensis, 2017.

1. **Rivelaine** : pic à deux pointes utilisé par les mineurs.
2. **Brins** : tiges en métal.

TEXTE 2

Henri Bergson est un des plus grands philosophes du XXe *siècle. Dans ce texte, il explique que la fabrication d'outils et de techniques a été une étape essentielle dans l'évolution de l'Homme.*

Un siècle a passé depuis l'invention de la machine à vapeur, et nous commençons seulement à ressentir la secousse profonde qu'elle nous a donnée. La révolution qu'elle a opérée dans l'industrie n'en a pas moins bouleversé les relations entre les hommes. Des idées nouvelles se lèvent. Des sentiments nouveaux sont en voie d'éclore. Dans des milliers d'années, quand le recul du passé n'en laissera plus percevoir que les grandes lignes, nos guerres et nos révolutions compteront pour peu de chose, à supposer qu'on s'en souvienne encore ; mais de la machine à vapeur, avec les inventions de tout genre qui lui font cortège, on parlera peut-être comme nous parlons du bronze ou de la pierre taillée ; elle servira à définir un âge.

Henri Bergson, *L'Évolution créatrice*, Éd. PUF, collection Quadrige, 1907.

DOCUMENT 3

Kupka, *Machinisme*, 1927.

Orientation BTS

L'écriture personnelle

Rédigez l'introduction du sujet d'écriture personnelle ci-dessous.
Commencez par une phrase d'accroche qui présente le thème. Vous pouvez faire référence à un fait d'actualité ou de société.
Reprenez ensuite la question et expliquez-la en faisant apparaître ses enjeux.
Enfin, annoncez votre plan en précisant clairement les deux ou trois idées directrices que vous allez développer.
Sujet. Faut-il avoir confiance dans le progrès des sciences et de la technique ?

Questions

Découverte

- Qu'est-ce que les sciences et la technique ont apporté à l'humanité ?
- Qu'est-ce que le progrès ? Comment pouvez-vous le définir ?

Analyse

Le texte 1 décrit le travail avant la mécanisation. Comment s'effectuait-il ? Faut-il regretter la disparition des outils ?

Relevez les mots utilisés par Michel Serres pour qualifier l'arrivée des machines. Partagez-vous son enthousiasme ?

3 Pourquoi, selon Henri Bergson (texte 2), on se souviendra davantage de l'invention de la machine à vapeur que des guerres et des révolutions ?

4 L'image du peintre Kupka met-elle la technique en valeur ou formule-t-elle une critique ? Étudiez la composition générale, le mouvement et les couleurs.

Compétences d'écriture

Améliorer son expression écrite

Répondez à la question ci-dessous dans un paragraphe argumenté. Reprenez ensuite votre texte. Vérifiez tout d'abord la ponctuation. Puis examinez la construction vos phrases. Enfin, supprimez les répétitions en variant votre vocabulaire.
Question. À votre avis, les progrès scientifiques et technologiques ont-ils fait le bonheur de l'humanité ?

Vers le Bac

Les règles d'un texte bien écrit

Bien ponctuer. La ponctuation est indispensable pour construire des phrases correctes. Utilisez la virgule, le point, les points de suspension, les deux points, les guillemets.

Varier ses phrases. Une phrase simple comporte une proposition avec un seul verbe conjugué. Dans une phrase complexe, les propositions sont reliées entre elles par une conjonction (*mais*, *ou*, *et*, *que*, *quand*, *parce que*...) ou un adverbe de liaison (*alors*, *puis*, *pourtant*).

Supprimer les répétitions. Employez des pronoms et variez le vocabulaire en utilisant des synonymes ou des expressions équivalentes.

Question. Observez la ponctuation dans le texte de Michel Serres. Pourquoi utilise-t-il à plusieurs reprises les deux points ?

L'intelligence artificielle

L'humanité est face à un immense défi technologique. Les machines gouvernées par des algorithmes toujours plus complexes s'immiscent dans notre vie quotidienne. Elles nous aident, guident nos comportements, voire elles décident à notre place.

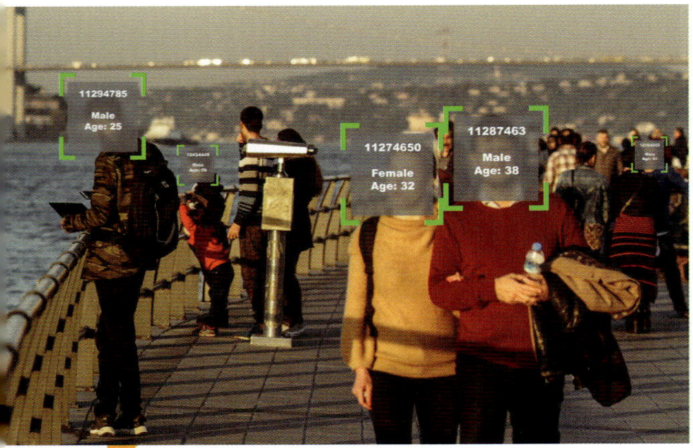

La reconnaissance faciale en milieu urbain.

Activités

Recherche

Quels seront les objets du futur ? Faites des recherches sur Internet sur les objets intelligents qui vont bouleverser notre vie quotidienne et avec lesquels nous allons devoir apprendre à vivre. Vous présentez vos recherches à la classe sous la forme d'un exposé.

Orientation BTS

La synthèse

Résumez le texte 2 en 6 lignes environ. Respectez les principes suivants :

- Reformulez les idées de l'auteur sans les modifier.
- Utilisez un vocabulaire personnel sans emprunter les mots de l'auteur.
- Respectez la composition du texte et l'équilibre des paragraphes.
- Employez des mots de liaisons pour enchaîner les phrases et les idées.

TEXTE 1

Les expérimentations de reconnaissance faciale se multiplient en France. En Californie, des villes comme San Francisco interdisent cette technologie dans l'espace public.

Dans une époque caractérisée par une intensité d'innovation inouïe, la question se pose sans cesse de savoir si les progrès… sont des progrès. Pour le dire autrement, leurs avantages sont-ils supérieurs à leurs inconvénients ? Prenons le cas des technologies informatisées de reconnaissance faciale. Cela permet d'identifier rapidement des délinquants et des criminels, d'accélérer les procédures de sécurité dans les lieux publics. Mais cela représente aussi une lourde atteinte à la vie privée et donne à des régimes autoritaires de puissants outils de répression.

Jusqu'à maintenant, quels qu'en soient les inconvénients, le progrès l'a toujours emporté – ou presque. Comme le dit une boutade fataliste et désenchantée : « On n'arrête pas le progrès ». La raison est simple. Les innovations sont généralement rentables. Elles permettent d'atteindre des objectifs jusque-là inaccessibles, d'alléger la tâche des hommes… ajoutons à cela une très humaine fascination pour la nouveauté, et l'on se saisit du nouvel outil sans trop se poser de question.

Un des grands enjeux de notre temps est de savoir si les hommes vont apprendre à renoncer à certains progrès ou, du moins, à en limiter strictement l'usage.

Guillaume Goubert, journal *La Croix*, 13 août 2019.

TEXTE 2

L'auteur, chercheuse en informatique imagine à quoi ressemblerait notre quotidien cerné d'objets intelligents.

12 février 2027

Bonne nouvelle, il reste de la neige dans les Pyrénées. Il est 18 heures, Igor rentre du ski au volant de la Pia, sa toute nouvelle voiture. Oui, au volant ! Car même si Pia sait être autonome, ce trader de monnaies virtuelles n'a jamais voulu renoncer au plaisir de conduire. Il peut désactiver l'autonomie de son bolide, mais pas question de toucher à la reconnaissance faciale qui détecte les moindres signes de fatigue du chauffeur et arrête aussitôt la voiture sur le bas-côté en cas d'alerte. De toute façon la montre d'Igor, qui recueille ses paramètres physiologiques (fréquence cardiaque, température, etc.), informerait aussi Pia si son conducteur n'était pas en état.

En chemin le portable d'Igor prévient la maison de l'heure de retour du vacancier : le chauffage est monté et l'aspirateur refait un tour de ménage. Le téléphone en profite pour se connecter au frigo et essayer de composer le menu. « Que de la glace et du champagne », informe-t-il avant de proposer d'appeler le traiteur japonais. Tenté, Igor demande à joindre sa femme. C'est le téléphone de Marie qui répond et annonce qu'elle est en réunion. Un dialogue s'établit alors entre les deux machines d'où il ressort que Marie aime les sushis, c'est dans son profil et qu'elle n'en a pas mangé depuis 11 jours. Le téléphone d'Igor commande donc des sushis pour 21 heures. Igor a bien tenté de demander un supplément de sauce soja, mais la machine a poliment écarté l'option, rappelant à son « propriétaire » qu'étant donné les paramètres de son diabète, cela n'était pas souhaitable.

Laurence Devilliers, *Le jour où mes objets m'ont rendu fou*, We Demain, décembre 2017.

DOCUMENT 3

L'essor des technologies d'identification pose la question de leurs usages et de leurs limites.

Deligne, 2017.

Questions

Découverte

- Quel risque peut-il y avoir à vivre dans un environnement entièrement connecté ?
- Les objets intelligents sont-ils de simples objets utilitaires ?

Analyse

1. Dans le texte 1, quels sont les avantages et les inconvénients de la reconnaissance faciale ?
2. Quel est un des grands enjeux de notre temps selon l'article du journal ?
3. Peut-on considérer le texte 2 comme un récit d'anticipation ? Justifiez votre réponse en relevant des éléments précis.
4. Relevez les objets intelligents qui entourent Igor. Répondent-ils tous à un besoin ?
5. Quelle place occupent-ils dans la vie du personnage ? Appuyez-vous sur des exemples relevés dans le texte.
6. À votre avis, les avantages de l'intelligence artificielle l'emportent-ils sur les inconvénients ? Répondez en vous appuyant sur l'ensemble des documents.

Vers le Bac

Les mots de liaison

Les connecteurs de temps.
Ils permettent d'assurer la chronologie des événements, l'enchaînement des faits ou des idées : *d'abord, dans un premier temps, en premier lieu, maintenant, et, ensuite, puis, après, enfin, à la fin.*

Les connecteurs logiques. Ils établissent un rapport logique entre les idées. Ils peuvent expliquer la cause : *en effet, parce que, car, étant donné que.* Ils peuvent introduire une conséquence : *donc, ainsi, si bien que, alors.* Ils peuvent exprimer un but : *afin que, pour, en vue de.* Ils peuvent mettre en évidence une opposition : *bien que, cependant, pourtant, mais.*

Question. Relevez dans le texte 1 tous les mots de liaison. Dites s'il s'agit de connecteurs de temps ou de connecteurs logiques.

Compétences d'écriture

Utiliser des mots de liaison dans une argumentation

Écrivez un texte dans lequel vous répondez de façon argumentée à la question ci-dessous. Votre texte sera composé de quatre paragraphes. Le premier commencera par *En premier lieu*, le deuxième par *En effet*, le troisième par *Cependant* et le dernier par *Enfin*.

Question. Selon vous, les objets connectés occupent-ils une place trop grande dans notre vie ?

Site web
liennathan.fr/o7y3s5

Camille Laurens

Camille Laurens (né en 1957) débute sa carrière de professeur en Normandie, puis elle enseigne au Maroc pendant une dizaine d'années avant de se consacrer à l'écriture. Elle publie de nombreux romans et récits inspirés de sa vie personnelle, des autofictions dans lesquelles elle s'intéresse au rapport entre la littérature et la vérité. Elle obtient, en 2000, le prix Femina et le prix Renaudot des lycéens pour *Dans ces bras-là*. En 2019, *Celle que vous croyez*, roman paru en 2016, est adapté au cinéma.

Les réseaux informatiques

La révolution numérique a permis de créer de nouveaux objets de communication, smartphones, tablettes, ordinateurs portables. Des réseaux informatiques se sont développés, des communautés se sont créées, multipliant les rencontres et les échanges. Il convient cependant de s'interroger sur la nature et la fiabilité des liens tissés grâce à ces outils numériques.

TEXTE 1

Un jour la narratrice se crée un faux profil, sous le nom de Claire Antunes, sur les réseaux sociaux. Dans cet extrait, elle raconte de quelle façon Christophe qu'elle n'a jamais vu est progressivement tombé amoureux de son double fictif.

Je n'ai jamais été si vivante que pendant ces quelques mois de liaison virtuelle avec lui. Je ne feignais pas d'avoir vingt-quatre ans, j'avais vingt-quatre ans. Un reste de mon expérience d'actrice, sans doute. Et de la mémoire. Et du désir. Je me suis coulée dans mon personnage avec l'aisance des comédiens. Comme il n'y avait pas de texte préétabli, j'ai improvisé à partir de ce que mon partenaire me proposait, j'ai renvoyé la balle. Chaque fois qu'on se parlait sur Facebook, Chris et moi, j'entendais en lui ce que je devais jouer, je décryptais ma partition en miroir de la sienne, je devenais son idéal, son alter égo, son rêve de femme, celui que font les hommes les yeux ouverts. Je donnais la réplique littéralement. Mais ce n'était pas un simple rôle, c'était mon être qui se modelait peu à peu, qui se recomposait par amour – oui, je crois que le mot est juste, l'amour, est-ce que ce n'est pas s'aliéner[1] à quelqu'un, tomber en l'autre, ne plus s'appartenir ?

Et puis ce personnage n'était pas si éloigné de moi, vous savez. Par exemple, Claire Antunes n'était vraiment pas douée en informatique – comme moi.

Camille Laurens, *Celle que vous croyez*, Éd. Gallimard, 2016.

1. **S'aliéner** : perdre sa volonté et sa liberté.

TEXTE 2

Si notre quotidien ressemblait à Facebook, nous serions constamment importunés par des inconnus qui nous pousseraient du bout du doigt (c'est le fameux « poke ») qui nous apostropheraient en disant : « Bonjour, je suis monsieur Untel. Veux-tu m'ajouter comme ami ? Oui ou non ? », et qui nous laisseraient en paix qu'après que, exaspérés, nous aurions déclaré haut et fort : « Oui ! Maintenant nous sommes amis ! » Pour grotesque qu'elle puisse paraître, cette scène n'est qu'une transposition de ce qui se passe chaque jour dans les médias sociaux quand nous recevons une requête d'amitié. La question « es-tu mon ami, oui ou non ? » est justement la pierre angulaire de processus de composition des cercles sociaux en ligne. En choisissant et en affichant publiquement ceux qui sont dans leur cercle, les usagers se lient à d'autres

Orientation BTS

L'écriture personnelle

Quel est, parmi les différents plans proposés, celui qui vous semble le mieux répondre au sujet ci-dessous ? Justifiez votre réponse.

Sujet. D'après vous l'usage des réseaux-sociaux est-il sans danger ?

Plan 1 : I. L'apparition de nouveaux moyens de communication exige prudence et apprentissage.

II. Le principal risque est de confondre la sphère privée et la sphère publique.

Plan 2 : I. Les réseaux permettent de s'ouvrir sur le monde et d'enrichir ses connaissances.

II. Grâce aux réseaux sociaux, on peut faire des rencontres et renouer d'anciennes amitiés.

Plan 3 : I. Il n'y a pas de progrès sans risque.

II. Ceux qui ont eu des problèmes sur les réseaux sociaux l'avaient bien cherché.

membres du réseau – notamment à des personnes éloignées de leurs milieux habituels.

À la différence de l'amitié, qui peut naître de l'habitude de la fréquentation ou bien d'un événement qui rapproche deux individus, le friending[1] trouve son origine dans un acte déclaratif. Il affiche donc des marques d'officialité et de ritualité d'une obligation sociale : on reçoit un message, on répond, l'acte est public et reste enregistré dans un système informatique.

Antonio A. Casilli, *Les Liaisons numériques. Vers une nouvelle sociabilité ?*, Éd. du Seuil, 2010.

1. **Friending** : fait de devenir ami sur Internet.

TEXTE 3

Carmen

L'amour est comme l'oiseau de Twitter
On est bleu de lui, seulement pour 48 heures
D'abord on s'affilie, ensuite on se *follow*
On en devient fêlé, et on finit solo

Prends garde à toi
Et à tous ceux qui vous *like*
Les sourires en plastique sont souvent des coups d'*hashtag*
Prends garde à toi
Ah les amis, les potes ou les *followers*
Vous faites erreur, vous avez juste la côte

Prends garde à toi
Si tu t'aimes
Prends garde à moi
Si je m'aime
Garde à nous
Garde à eux
Garde à vous
Et puis chacun pour soi
Et c'est comme ça qu'on s'aime s'aime s'aime s'aime
Comme ça consomme somme somme somme somme.

Stromae, *Carmen*, album « Racine carrée », 2013.

Questions

Découverte

- N'est-il pas risqué de confondre réel et virtuel ?
- À votre avis, les liens tissés sur Internet sont-ils fiables ?

Analyse

1 Dans le texte 1, quelle satisfaction Claire trouve-t-elle dans cette liaison virtuelle ?

2 Comment a-t-elle réussi à faire d'elle-même un personnage fictif ?

3 D'après le texte 2, qu'est-ce qui différencie une amitié réelle d'une amitié virtuelle ?

4 L'auteur transpose une requête d'amitié sur les réseaux sociaux dans la réalité. Pourquoi cette requête apparaît-elle grotesque ?

5 Dans sa chanson, contre quoi Stromae nous met-il en garde ?

6 À votre avis, pourquoi faut-il se méfier des liens tissés sur les réseaux sociaux ? Répondez en vous appuyant sur l'ensemble des documents.

Vers le Bac

La tonalité d'un texte

La tonalité d'un texte est la façon de raconter une histoire, de relater un fait ou un événement.

La tonalité pathétique : elle vise à émouvoir le lecteur en mettant en scène des situations tristes ou douloureuses.

La tonalité comique : elle suscite le rire ou le sourire en faisant appel à l'humour. Le comique peut aussi dénoncer le ridicule d'une situation.

La tonalité dramatique : elle provoque une intense émotion liée à des événements inattendus. Elle amplifie la gravité d'une situation.

La tonalité polémique : présente dans les textes argumentatifs ou un débat oral, elle vise à provoquer le lecteur par une réflexion critique.

Question. En quoi le texte de Stromae est-il une dénonciation des réseaux sociaux ? Quelle tonalité utilise-t-il ? Appuyez-vous sur des exemples précis.

Compétences d'écriture

Exprimer un point de vue critique

Répondez à la question ci-dessous dans un paragraphe dont vous choisissez la tonalité. Vous pouvez utiliser une tonalité polémique pour exprimer une condamnation, ou comique en vous amusant de certaines situations. Utilisez les mots de la communication numérique.

Question. Pensez-vous que les réseaux sociaux permettent de créer d'authentiques amitiés ?

Les mots de la communication numérique
Blog, émoticône, influenceur, poster, follower, hashtag, *statut, discussion, échange, partager, confidentialité, virtuel, diffuser, créer le buzz, viral, protection, intimité, privé, public.*

S'appuyer sur un exemple

Les exemples servent à illustrer une idée, un argument, en les rendant plus concrets. Mais l'exemple sert aussi à appuyer une démonstration ou une argumentation car il peut démontrer la justesse d'une affirmation, en venant la valider. Un exemple bien choisi permet à la fois de rendre plus vivante son expression écrite ou orale, tout en la rendant plus claire.

1 *Choisissez bien votre exemple*

Choisissez le type d'exemple qui convient le mieux pour illustrer votre propos.

1. **Dans le corpus** (une citation, un chiffre, une image...).
2. **Dans l'objet d'étude** (un livre, un texte étudié en classe...).
3. **Dans l'actualité** (un fait de société ou d'actualité, une anecdote...).
4. **Dans votre culture** (une chanson, une lecture, une série...).

S'appuyer sur un exemple

2 *Intégrez l'exemple dans votre texte*

• **La citation-exemple.** Dans la réponse à une question de lecture, utilisez des guillemets pour encadrer la citation qui sert d'exemple. Puis commentez-la.

• **L'exemple argumentatif.** Dans un travail d'écriture, mettez en valeur votre exemple au moyen de locutions : « on peut mentionner », « on peut citer l'exemple de », « on peut signaler »…

3 *Développez votre exemple*

• **Commentez les citations.** Expliquez pourquoi la citation choisie répond à la question.

• **Rédigez un paragraphe.** L'exemple argumentatif vient après l'exposé de l'argument. Vous devez le développer en expliquant ses causes et ses conséquences.

• **Attention au hors-sujet.** Vous devez toujours expliquer en quoi votre exemple éclaire le sujet.

Exercice 1 ●○○

1. Observez les deux réponses. Identifiez la citation-exemple et l'exemple argumentatif.

2. Par quelle expression chaque exemple est-il introduit ? Quels rôles différents jouent-ils dans l'argumentation ?

Réponse 1 : L'auteur exprime son opposition à travers des termes négatifs, comme par exemple « contre », « adversaires », « défendu ». Il rejette ainsi le point de vue de « ceux qui défendent le progrès à tout prix ».

Réponse 2 : Personnellement, je pense qu'il faut placer des limites aux « progrès ». C'est notamment le cas dans le domaine de la recherche pour les produits cosmétiques, qui n'hésite pas à expérimenter sur des animaux, comme des souris, des produits peut-être toxiques.

Exercice 2 ●○○

Repérez l'exemple apporté par l'auteur pour illustrer l'idée qu'il défend. Comment le développe-t-il ?

Les techniques actuelles donnent plus de rapidité à l'essor de la médisance. Les rumeurs sont de toujours [...] mais Internet leur fournit un puissant renfort.
Un exemple parmi des quantités ? Après que l'ouragan Katrina eut ravagé La Nouvelle-Orléans, en août 2005, un blogueur assez influent affirma que des victimes affamées de la catastrophe avaient dû « manger des cadavres pour survivre ». Le journal *The Huffington Post*, diffusé uniquement sur Internet, reprit aussitôt l'information, obsédé par le souci de ne pas être « grillé ». Un prompt démenti n'empêcha pas cette information de faire le tour du monde.

Jean-Noël Jeanneney, *Une histoire des médias*, Éd. du Seuil, 2015.

Exercice 3 ●○○

Observez les exemples suivants. Lequel est bien choisi et développé ? Lequel reste à l'état d'allusion et n'est pas assez développé ? Lequel est mal choisi ? Justifiez vos réponses.

a. Les médias nous permettent d'avoir accès à une information vérifiée par des professionnels. C'est le cas notamment du journal télévisé.

b. L'homme a longtemps vécu paisiblement dans la nature. Elle lui fournissait ce dont il avait besoin pour vivre. Mais on a vite lutté contre elle en remplaçant les forêts par des champs.

c. Chaque époque voit un progrès dans les nouvelles technologies qui la concernent. Par exemple, l'invention de l'automobile a révolutionné les transports. Grâce à elle, les hommes ont pu se déplacer en toute liberté, quand et où, ils le voulaient.

Exercice 4 ●●○

1. Sur quel exemple l'auteur s'appuie-t-il pour dire ses doutes sur les sentiments que pourraient éprouver les animaux ?

2. Choisissez l'une des deux thèses proposées et rédigez un paragraphe en développant un exemple concret : livre, film, anecdote personnelle, actualité…

Les animaux peuvent-ils vraiment nous aimer ? Nous avons déjà vu, avec l'exemple de l'écureuil, combien il était difficile de prouver l'existence d'amour entre animaux d'une même espèce. Que dire alors d'un amour animal qui dépasserait la frontière des espèces pour se porter sur nous, les hommes ? On se demande, évidemment, n'est-ce pas là prendre nos désirs pour des réalités ? Comme une manière de nous déculpabiliser de maintenir en captivité nos animaux domestiques ?

Peter Wohlleben, *La Vie secrète des animaux*, Éd. Les Arènes, 2016.

Thèse 1 : Personnellement, il me semble que les animaux sont capables d'éprouver de l'amour pour les humains. C'est notamment le cas de...

Thèse 2 : Personnellement, il me semble que les animaux ne sont pas capables d'éprouver de l'amour pour les humains. On peut par exemple citer le cas de...

Astuce : éviter le hors-sujet.

Le développement d'un exemple peut conduire au hors-sujet. N'oubliez pas que l'exemple est destiné à illustrer une idée. Une fois qu'il est développé, revenez à l'idée de départ pour poursuivre votre argumentation. Pour éviter le hors-sujet, signalez sur votre brouillon les exemples par une couleur particulière.

Exercice 5 ●●●

1. Quel est le point de vue défendu dans le discours ?

2. Poursuivez le discours en développant trois exemples de ces « choix courageux » que nous devons faire.

Le monde est à un tournant de son histoire. L'activité humaine et notre village planète sont inséparables. [...] La nature n'est pas au service du profit. L'homme ne peut exister sans elle. Il faut donc faire des choix courageux.

Discours d'ouverture de la COP 21, 15 juin 2016.

Nous devons ....

Introduire et conclure

L'introduction annonce ce dont on va parler tandis que la conclusion fait le bilan de l'argumentation. Ces deux étapes sont essentielles à la compréhension du travail d'écriture. Elles doivent être particulièrement soignées : l'introduction doit donner envie de lire la suite et la conclusion laisser une impression positive au correcteur.

Le sujet d'écriture

Les êtres humains ne pourront-il jamais, comme l'affirme l'auteur, « vivre en paix avec la nature » ? Vous discuterez son point de vue avant de vous demander quelles solutions pourraient être envisagées.
Vous répondrez sous la forme d'un développement argumenté d'une quarantaine de lignes.

→ *Le sujet pose une problématique, lance un débat.*

L'introduction

Les informations nous montrent chaque jour les images d'océans ravagés par la pollution, de forêts dévastées par les incendies ou encore d'espèces animales menacées de disparition… La Nature serait-elle en danger de mort ? C'est ce que l'auteur du texte semble dire lorsqu'il affirme que l'homme ne pourra jamais « vivre en paix avec la nature ». Nous verrons d'abord si ce point de vue est justifié, avant de nous demander quelles solutions pourraient être envisagées.

→ *La première phrase « accroche » l'attention du lecteur.*
Les suivantes posent la problématique du sujet.
La dernière annonce le plan de l'argumentation.

La conclusion

Pour conclure, on peut penser que les constats établis par l'auteur ne peuvent pas être rejetés. L'homme se comporte avec la nature de manière cruelle et irresponsable. Mais nous avons aussi constaté que des solutions existent, et qu'il faudrait maintenant les appliquer. Personnellement, j'espère que les responsables des pays concernés passeront vite à l'action, ce que réclament de plus en plus fort les jeunes du monde entier.

→ *La conclusion récapitule d'abord le contenu de l'argumentation.*
Elle élargit ensuite la réflexion en se tournant vers l'avenir.

Méthode

I Rédiger son introduction

1. Les premières phrases : l'accroche

Les premières phrases d'une introduction sont très importantes. En effet, ce sont elles qui accrochent le lecteur en captivant son attention et en amenant le sujet traité. Il s'agit donc de définir avec précision de quoi on va parler (le thème du sujet).

→ *Pour cela, il est possible d'utiliser une citation, d'évoquer un événement (fait divers, légende, mythe), d'énoncer une idée paradoxale ou choquante ou de recourir à une énumération.*

2. La problématique : l'explication du sujet

Tout sujet pose un problème à résoudre : c'est la problématique. Il est nécessaire de montrer au lecteur que le sujet est compris en le reformulant en une ou deux phrases.

→ *Si le sujet a la forme d'une question, il faut le redire sous la forme de phrases affirmatives (« L'auteur se demande si... »). Si le sujet prend la forme d'une affirmation, il faut faire l'inverse (« Le progrès est-il vraiment si mauvais ? »).*

3. L'annonce du plan

La dernière phase de l'introduction consiste à annoncer au lecteur le contenu du développement. C'est pourquoi il faut avoir en tête le plan avant de la rédiger. Les idées directrices du développement sont annoncées sous la forme d'affirmations ou de questions.

→ *Si le plan contient deux parties, utilisez par exemple les expressions « Nous verrons d'abord... » / « Nous verrons ensuite... ».*

II Rédiger sa conclusion

1. La réponse à la problématique du sujet

La conclusion doit récapituler les réponses apportées dans le développement à la problématique du sujet. C'est le moment où l'on s'implique en montrant de quel côté on penche. L'emploi du pronom personnel « je » et de modalisateurs (« selon moi », « personnellement ») soulignent cette implication.

2. La dernière phrase : la chute

La dernière phrase du travail d'écriture est déterminante : elle doit donner au lecteur une impression d'achèvement, ou au contraire ouvrir des perspectives de réflexions nouvelles.

→ *Pour cela, sa formulation peut s'appuyer sur un effet d'humour ou d'ironie, exprimer une émotion ou un sentiment personnel... Souvent, le fait d'évoquer l'avenir permet de faire une ouverture efficace en montrant que vous avez réfléchi.*

Exercice 1

Laquelle des trois accroches suivantes, pour une introduction, préférez-vous ? Justifiez votre réponse.

Sujet : Comme le montre le texte de Michel Serres, les progrès de la science et des techniques ont bouleversé les rapports de l'homme au monde en quelques décennies. Que pensez-vous de ce phénomène ?

Les phrases d'accroche proposées

- **L'énumération**
  Une vie de plus en plus longue, des techniques de communication efficaces, des moyens de transports rapides... Jamais la vie humaine n'aura été aussi confortable.
- **L'évocation de l'actualité**
  On nous annonce que les colis que nous recevons seront bientôt livrés par des drones. Que de chemin parcouru depuis l'invention du pigeon voyageur !
- **L'affirmation d'un paradoxe**
  Jamais la vie humaine n'a été aussi confortable, et pourtant les hommes ne semblent pas plus heureux qu'aux siècles précédents.

Exercice 2

Rédigez deux accroches différentes pour une introduction qui répondrait au sujet suivant :
a) l'une à l'aide d'une énumération ;
b) l'autre au moyen d'un fait d'actualité.
Aidez-vous des exemples de l'exercice précédent.

Sujet
L'accès de plus en plus important à des cultures venues d'ailleurs, par le biais de la télévision ou d'Internet, constitue-t-il selon vous une menace pour notre propre culture ?

Plan

I. L'accès à d'autres cultures
- A. Un processus inévitable
- B. Une confrontation avec « ailleurs »

II. La découverte d'autres cultures
- A. Un enrichissement personnel et collectif
- B. Une autre façon de penser sa culture

Exercice 3

Les phrases qui constituent l'introduction à ce sujet sont données dans le désordre. Retrouvez leur ordre logique en repérant l'accroche, la problématique et l'annonce du plan.

Sujet : La nature tient-elle selon vous encore une place importante dans la vie des êtres humains ?

Pistes de réflexion

I. La nature est de moins en moins présente dans nos vies

II. Elle nous permet encore de nous « ressourcer »

Introduction

a. Puis, nous verrons ensuite quelle place la nature occupe encore dans nos vies.

b. Cependant, le développement des villes nous a peu à peu éloigné des lieux naturels.

c. Depuis la nuit des temps, l'homme vit au contact de la nature, au rythme des saisons et des intempéries.

d. Peut-on donc dire, comme l'auteur, que la nature a disparu de nos existences ?

e. Nous verrons d'abord que, en effet, la nature est moins présente dans nos vies que dans celle de nos ancêtres.

Exercice 4

Rédigez une introduction au sujet suivant, en vous aidant des pistes de réflexions définies par l'élève dans son plan.

Sujet : « On n'arrête pas le progrès », affirme l'auteur du texte sur le ton de l'ironie. Pensez-vous comme lui que le progrès peut constituer une menace ?

Pistes de réflexion

I. Le progrès est menaçant par certains aspects

II. Il faut savoir maîtriser les conséquences néfastes des nouvelles inventions

Exercice 5 ●○○

Les phrases qui constituent la conclusion de la réponse au sujet ci-dessous sont données dans le désordre. Retrouvez leur enchaînement logique.

Sujet : Le développement du smartphone et des réseaux sociaux bouleverse-t-il réellement les rapports entre les hommes ?

Pistes de réflexion

I. Une technologie incontournable qui transforme la vie quotidienne

II. Une vie bouleversée par les réseaux sociaux

III. L'importance des rapports humains

Conclusion

a. Personnellement, je pense que le smartphone et les réseaux sociaux ne remplaceront jamais un rapport direct avec ceux qui nous entourent.

b. En conclusion, nous pouvons donc bien dire, comme l'auteur, que les rapports entre les hommes ont été bouleversés par l'invention du smartphone.

c. Comment les relations entre les hommes évolueront-elles dans le futur ? On peut parier qu'une nouvelle invention fera bientôt du smartphone un outil dépassé.

d. Mais nous avons également vu que les rapports véritablement humains restaient très importants pour chacun.

Exercice 6 ●○○

La conclusion qui suit répond au sujet de l'exercice 4. Améliorez-la en corrigeant les maladresses qui s'y trouvent. Modifiez les mots ou les phrases, ou les idées, lorsque c'est nécessaire.

L'auteur dit que le progrès est une menace. Mais moi, je pense le contraire. Bien sûr, il y a la pollution… Il faut trouver des solutions pour améliorer les choses. Sans le progrès on pourrait pas vivre. En tout cas, je voudrais pas vivre comme nos ancêtres, dans les cavernes !

Exercice 7 ●●●

Rédigez une conclusion au sujet suivant, en vous aidant des pistes de réflexions définies par l'élève.

Sujet : « Un univers quotidien d'une complexité jamais atteinte » : vivre aujourd'hui est-il selon vous plus difficile que par le passé ?

Pistes de réflexion

I. Une vie moderne pleine de difficultés

II. Les avantages de la vie aujourd'hui

III. Mon opinion personnelle

EXO BILAN

1. Lisez le sujet d'écriture et repérez dans le plan les idées essentielles développées.

2. Reformulez la problématique du sujet.

3. Rédigez l'introduction et la conclusion du travail d'écriture.

Sujet : « Selon vous, le bonheur passe-t-il nécessairement par le développement des sciences et des techniques ? » Vous répondrez à cette question en vous appuyant sur le corpus que vous avez étudié, mais aussi sur vos connaissances personnelles sur le programme de terminale.

Plan

I. Les sciences et techniques contribuent au bonheur

1. L'allongement de la durée de vie (progrès de la médecine, de la nutrition…)

……………………………………………

2. Le confort donné par le progrès (transports, communications, électro-ménager…)

……………………………………………

II. Le bonheur repose surtout sur nos relations avec les autres

1. Bonheur = famille, amis, travail

……………………………………………

2. Chacun est heureux à sa façon (passions, nature, voyages…)

……………………………………………

Texte 1

En 1837, Victor Hugo effectue son premier voyage en train. Il découvre à cette occasion une nouvelle façon de se déplacer et fait part de ses impressions.

J'ai fait hier la course d'Anvers à Bruxelles et le retour. [...] C'est un mouvement magnifique et qu'il faut avoir senti pour s'en rendre compte. La rapidité est inouïe. Les fleurs du bord du chemin ne sont plus des fleurs, ce sont des taches ou plutôt des raies rouges ou blanches ; plus de points, tout devient raie ; les blés sont de grandes chevelures jaunes, les luzernes sont de longues tresses vertes ; les villes, les clochers et les arbres, dansent et se mêlent follement à l'horizon ; de temps en temps, une ombre, une forme, un spectre debout paraît et disparaît comme l'éclair à côté de la portière ; c'est un garde du chemin qui, selon l'usage, porte militairement les armes au convoi. On se dit dans la voiture : c'est à trois lieues[1], nous y serons dans dix minutes. Le soir, comme je revenais, la nuit tombait. J'étais dans la première voiture. Le remorqueur flamboyait devant moi avec un bruit terrible, et de grands rayons rouges, qui teignaient les arbres et les collines, tournaient avec les roues. Le convoi qui allait à Bruxelles a rencontré le nôtre. Rien d'effrayant comme ces deux rapidités qui se côtoyaient, et qui, pour les voyageurs, se multipliaient l'une par l'autre ; on ne voyait passer ni des wagons, ni des hommes, ni des femmes, on voyait passer des formes blanchâtres ou sombres dans un tourbillon.

Victor Hugo, *En voyage, France et Belgique*, 1837, BnF.

1. **Trois lieues** : environ 12 km.

Texte 2

Petite Poucette *est le nom que Michel Serres utilise pour désigner la jeune génération. Dans cet extrait, il décrit les transformations qu'a connu un pays comme la France durant ces dernières décennies.*

Selon le gibier, les fruits, les variations du climat, *Homo sapiens*[1] ne cessa de se déplacer, devenu *Homo viator*[2] depuis longtemps, jusqu'à la date, assez récente, où la planète ne lui offrit plus de terres inconnues. Depuis la mise au point de dix sortes de moteurs, les voyages se multiplièrent au point que la perception de l'habitat se transforma. Un pays comme la France devint vite une ville que le TGV parcourt comme un métro, que les autoroutes traversent comme des rues. Dès 2006, les compagnies aériennes avaient transporté un tiers de l'humanité. Par les aéroports et les gares passent de telles masses qu'ils ressemblent à de transitoires motels. À calculer le temps de ses déplacements à partir de chez elle, Petite Poucette sait-elle dans quelle ville elle habite et travaille, à quelle communauté elle appartient ? Elle vit dans une banlieue de capitale, à une distance du centre et de l'aéroport en temps équivalente à dix transports au-delà des frontières ; elle réside donc dans une conurbation[3] qui s'étend hors sa ville et sa nation.

Miche Serres, *Petite Poucette*, Éd. Le Pommier/ Humensis, 2012.

1. *Homo sapiens* : en latin, homme intelligent.
2. *Homo viator* : en latin, homme en chemin, qui voyage.
3. **Conurbation** : agglomération urbaine formée de plusieurs villes rapprochées.

Texte 3

Depuis que l'homme est allé sur la Lune en 1969, le nouvel objectif est d'établir une mission habitée sur la planète Mars.

Dans toutes les têtes, presque inconsciemment, l'idée s'est peu à peu imposée ces dernières années : un jour, l'homme quittera la Terre pour aller vivre ailleurs dans l'espace. Un jour, il colonisera d'autres mondes. Ce n'est plus qu'une question de temps. Ce qui semblait de la pure science-fiction il y a vingt ou trente ans est devenu une espèce de certitude collective. Interrogez les jeunes générations : elles sont sûres d'assister de leur vivant aux premiers voyages interplanétaires. Cinquante ans après le premier homme sur la Lune, un déclic psychologique a eu lieu, qui a transformé l'utopie futuriste en défi à relever.

Alexandra Pihen, *Science et vie.com*, le 22 avril 2017.

Document 4

Fernand Léger, *Les constructeurs*, 1950, Musée national Fernand Léger, Biot.

Première partie : compétences de lecture (10 points)

Compréhension

1 Quel sentiment Victor Hugo éprouve-t-il lors de son premier voyage en train ? Relevez les mots qui expriment ce sentiment. Sont-ils valorisants ou dévalorisants ?

2 D'après le texte 3, quels défis technologiques l'homme s'est peu à peu imposé inconsciemment ?

Interprétation

3 À bord du train, Victor Hugo porte un regard étonné sur le paysage. En quoi la vitesse modifie-t-elle sa perception du monde extérieur ? Relevez des exemples précis.

4 Dans le texte 2, en quoi les avancées technologiques ont-elles contribué à transformer un pays comme la France ?

Confrontation

5 Les quatre documents offrent une vision positive du progrès technique. Expliquez cette affirmation en citant chaque texte ou document.

Deuxième partie : compétences d'écriture (10 points)

Rien ne semble arrêter les innovations scientifiques et technologiques. Selon vous, le progrès est-il sans limite ?

Répondez à la question en vous appuyant sur les textes du corpus et sur vos connaissances personnelles, dans un développement argumenté d'une quarantaine de lignes.

Conjugaison du verbe « avoir »

	INDICATIF				IMPÉRATIF
	Présent	**Imparfait**	**Passé simple**	**Futur simple**	**Présent**
TEMPS SIMPLES	j'ai tu as il a nous avons vous avez ils ont	j'avais tu avais il avait nous avions vous aviez ils avaient	j'eus tu eus il eut nous eûmes vous eûtes ils eurent	j'aurai tu auras il aura nous aurons vous aurez ils auront	aie ayons ayez
	Passé composé	**Plus-que-parfait**	**Passé antérieur**	**Futur antérieur**	**Passé**
TEMPS COMPOSÉS	j'ai eu tu as eu il a eu nous avons eu vous avez eu ils ont eu	j'avais eu tu avais eu il avait eu nous avions eu vous aviez eu ils avaient eu	j'eus eu tu eus eu il eut eu nous eûmes eu vous eûtes eu ils eurent eu	j'aurai eu tu auras eu il aura eu nous aurons eu vous aurez eu ils auront eu	aie eu ayons eu ayez eu

	SUBJONCTIF		CONDITIONNEL		INFINITIF	PARTICIPE
	Présent	**Imparfait**	**Présent**		**Présent**	**Présent**
TEMPS SIMPLES	que j'aie que tu aies qu'il ait que nous ayons que vous ayez qu'ils aient	que j'eusse que tu eusses qu'il eût que nous eussions que vous eussiez qu'ils eussent	j'aurais tu aurais il aurait nous aurions vous auriez ils auraient		avoir	ayant
	Passé	**Plus-que-parfait**	**Passé 1re forme**	**Passé 2e forme**	**Passé**	**Passé**
TEMPS COMPOSÉS	que j'aie eu que tu aies eu qu'il ait eu que nous ayons eu que vous ayez eu qu'ils aient eu	que j'eusse eu que tu eusses eu qu'il eût eu que nous eussions eu que vous eussiez eu qu'ils eussent eu	j'aurais eu tu aurais eu il aurait eu nous aurions eu vous auriez eu ils auraient eu	j'eusse eu tu eusses eu il eût eu nous eussions eu vous eussiez eu ils eussent eu	avoir eu	eu(s), eue(s), ayant eu

Conjugaison du verbe « être »

	INDICATIF				IMPÉRATIF
TEMPS SIMPLES	**Présent**	**Imparfait**	**Passé simple**	**Futur simple**	**Présent**
	je suis tu es il est nous sommes vous êtes ils sont	j'étais tu étais il était nous étions vous étiez ils étaient	je fus tu fus il fût nous fûmes vous fûtes ils furent	je serai tu seras il sera nous serons vous serez ils seront	sois soyons soyez
TEMPS COMPOSÉS	**Passé composé**	**Plus-que-parfait**	**Passé antérieur**	**Futur antérieur**	**Passé**
	j'ai été tu as été il a été nous avons été vous avez été ils ont été	j'avais été tu avais été il avait été nous avions été vous aviez été ils avaient été	j'eus été tu eus été il eût été nous eûmes été vous eûtes été ils eurent été	j'aurai été tu auras été il aura été nous aurons été vous aurez été ils auront été	aie été ayons été ayez été

	SUBJONCTIF		CONDITIONNEL		INFINITIF	PARTICIPE
TEMPS SIMPLES	**Présent**	**Imparfait**	**Présent**		**Présent**	**Présent**
	que je sois que tu sois qu'il soit que nous soyons que vous soyez qu'ils soient	que je fusse que tu fusses qu'il fût que nous fussions que vous fussiez qu'ils fussent	je serais tu serais il serait nous serions vous seriez ils seraient		être	étant
TEMPS COMPOSÉS	**Passé**	**Plus-que-parfait**	**Passé 1re forme**	**Passé 2e forme**	**Passé**	**Passé**
	que j'aie été que tu aies été qu'il ait été que nous ayons été que vous ayez été qu'ils aient été	que j'eusse été que tu eusses été qu'il eût été que nous eussions été que vous eussiez été qu'ils eussent été	j'aurais été tu aurais été il aurait été nous aurions été vous auriez été ils auraient été	j'eusse été tu eusses été il eût été nous eussions été vous eussiez été ils eussent été	avoir été	été ayant été

Conjugaison des verbes du 1er groupe

➢ VERBE « CHANTER »

	INDICATIF				IMPÉRATIF
	Présent	**Imparfait**	**Passé simple**	**Futur simple**	**Présent**
TEMPS SIMPLES	je chante tu chantes il chante nous chantons vous chantez ils chantent	je chantais tu chantais il chantait nous chantions vous chantiez ils chantaient	je chantai tu chantas il chanta nous chantâmes vous chantâtes ils chantèrent	je chanterai tu chanteras il chantera nous chanterons vous chanterez ils chanteront	chante chantons chantez
	Passé composé	**Plus-que-parfait**	**Passé antérieur**	**Futur antérieur**	**Passé**
TEMPS COMPOSÉS	j'ai chanté tu as chanté il a chanté nous avons chanté vous avez chanté ils ont chanté	j'avais chanté tu avais chanté il avait chanté nous avions chanté vous aviez chanté ils avaient chanté	j'eus chanté tu eus chanté il eût chanté nous eûmes chanté vous eûtes chanté ils eurent chanté	j'aurai chanté tu auras chanté il aura chanté nous aurons chanté vous aurez chanté ils auront chanté	aie chanté ayons chanté ayez chanté

	SUBJONCTIF		CONDITIONNEL		INFINITIF	PARTICIPE
	Présent	**Imparfait**	**Présent**		**Présent**	**Présent**
TEMPS SIMPLES	que je chante que tu chantes qu'il chante que nous chantions que vous chantiez qu'ils chantent	que je chantasse que tu chantasses qu'il chantât que nous chantassions que vous chantassiez qu'ils chantassent	je chanterais tu chanterais il chanterait nous chanterions vous chanteriez ils chanteraient		chanter	chantant
	Passé	**Plus-que-parfait**	**Passé 1re forme**	**Passé 2e forme**	**Passé**	**Passé**
TEMPS COMPOSÉS	que j'aie chanté que tu aies chanté qu'il ait chanté que nous ayons chanté que vous ayez chanté qu'ils aient chanté	que j'eusse chanté que tu eusses chanté qu'il eût chanté que nous eussions chanté que vous eussiez chanté qu'ils eussent chanté	j'aurais chanté tu aurais chanté il aurait chanté nous aurions chanté vous auriez chanté ils auraient chanté	j'eusse chanté tu eusses chanté il eût chanté nous eussions chanté vous eussiez chanté ils eussent chanté	avoir chanté	chanté(s), chantée(s) ayant chanté

➢ VERBE « ÉTUDIER »

	INDICATIF				IMPÉRATIF
	Présent	**Imparfait**	**Passé simple**	**Futur simple**	**Présent**
TEMPS SIMPLES	j'étudie tu étudies il étudie nous étudions vous étudiez ils étudient	j'étudiais tu étudiais il étudiait nous étudiions vous étudiiez ils étudiaient	j'étudiai tu étudias il étudia nous étudiâmes vous étudiâtes ils étudièrent	j'étudierai tu étudieras il étudiera nous étudierons vous étudierez ils étudieront	étudie étudions étudiez
	Passé composé	**Plus-que-parfait**	**Passé antérieur**	**Futur antérieur**	**Passé**
TEMPS COMPOSÉS	j'ai étudié tu as étudié il a étudié nous avons étudié vous avez étudié ils ont étudié	j'avais étudié tu avais étudié il avait étudié nous avions étudié vous aviez étudié ils avaient étudié	j'eus étudié tu eus étudié il eut étudié nous eûmes étudié vous eûtes étudié ils eurent étudié	j'aurai étudié tu auras étudié il aura étudié nous aurons étudié vous aurez étudié ils auront étudié	aie étudié ayons étudié ayez étudié

	SUBJONCTIF		CONDITIONNEL		INFINITIF	PARTICIPE
	Présent	**Imparfait**	**Présent**		**Présent**	**Présent**
TEMPS SIMPLES	que j'étudie que tu étudies qu'il étudie que nous étudiions que vous étudiiez qu'ils étudient	que j'étudiasse que tu étudiasses qu'il étudiât que nous étudiassions que vous étudiassiez qu'ils étudiassent	j'étudierais tu étudierais il étudierait nous étudierions vous étudieriez ils étudieraient		étudier	étudiant
	Passé	**Plus-que-parfait**	**Passé 1re forme**	**Passé 2e forme**	**Passé**	**Passé**
TEMPS COMPOSÉS	que j'aie étudié que tu aies étudié qu'il ait étudié que nous ayons étudié que vous ayez étudié qu'ils aient étudié	que j'eusse étudié que tu eusses étudié qu'il eût étudié que nous eussions étudié que vous eussiez étudié qu'ils eussent étudié	j'aurais étudié tu aurais étudié il aurait étudié nous aurions étudié vous auriez étudié ils auraient étudié	j'eusse étudié tu eusses étudié il eût étudié nous eussions étudié vous eussiez étudié ils eussent étudié	avoir étudier	étudié(s), étudiée(s) ayant étudié

Conjugaison des verbes du 2e groupe

VERBE « FINIR »

	INDICATIF				IMPÉRATIF
	Présent	**Imparfait**	**Passé simple**	**Futur simple**	**Présent**
TEMPS SIMPLES	je finis tu finis il finit nous finissons vous finissez ils finissent	je finissais tu finissais il finissait nous finissions vous finissiez ils finissaient	je finis tu finis il finit nous finîmes vous finîtes ils finirent	je finirai tu finiras il finira nous finirons vous finirez ils finiront	finis finissons finissez
	Passé composé	**Plus-que-parfait**	**Passé antérieur**	**Futur antérieur**	**Passé**
TEMPS COMPOSÉS	j'ai fini tu as fini il a fini nous avons fini vous avez fini ils ont fini	j'avais fini tu avais fini il avait fini nous avions fini vous aviez fini ils avaient fini	j'eus fini tu eus fini il eut fini nous eûmes fini vous eûtes fini ils eurent fini	j'aurai fini tu auras fini il aura fini nous aurons fini vous aurez fini ils auront fini	aie fini ayons fini ayez fini

	SUBJONCTIF		CONDITIONNEL		INFINITIF	PARTICIPE
	Présent	**Imparfait**	**Présent**		**Présent**	**Présent**
TEMPS SIMPLES	que je finisse que tu finisses qu'il finisse que nous finissions que vous finissiez qu'ils finissent	que je finisse que tu finisses qu'il finît que nous finissions que vous finissiez qu'ils finissent	je finirais tu finirais il finirait nous finirions vous finiriez ils finiraient		finir	finissant
	Passé	**Plus-que-parfait**	**Passé 1re forme**	**Passé 2e forme**	**Passé**	**Passé**
TEMPS COMPOSÉS	que j'aie fini que tu aies fini qu'il ait fini que nous ayons fini que vous ayez fini qu'ils aient fini	que j'eusse fini que tu eusses fini qu'il eût fini que nous eussions fini que vous eussiez fini qu'ils eussent fini	j'aurais fini tu aurais fini il aurait fini nous aurions fini vous auriez fini ils auraient fini	j'eusse fini tu eusses fini il eût fini nous eussions fini vous eussiez fini ils eussent fini	avoir fini	fini(s), finie(s) ayant fini

VERBE « CHOISIR »

	INDICATIF				IMPÉRATIF
	Présent	**Imparfait**	**Passé simple**	**Futur simple**	**Présent**
TEMPS SIMPLES	je choisis tu choisis il choisit nous choisissons vous choisissez ils choisissent	je choisissais tu choisissais il choisissait nous choisissions vous choisissiez ils choisissaient	je choisis tu choisis il choisit nous choisîmes vous choisîtes ils choisirent	je choisirai tu choisiras il choisira nous choisirons vous choisirez ils choisiront	choisis choisissons choisissez
	Passé composé	**Plus-que-parfait**	**Passé antérieur**	**Futur antérieur**	**Passé**
TEMPS COMPOSÉS	j'ai choisi tu as choisi il a choisi nous avons choisi vous avez choisi ils ont choisi	j'avais choisi tu avais choisi il avait choisi nous avions choisi vous aviez choisi ils avaient choisi	j'eus choisi tu eus choisi il eut choisi nous eûmes choisi vous eûtes choisi ils eurent choisi	j'aurai choisi tu auras choisi il aura choisi nous aurons choisi vous aurez choisi ils auront choisi	aie choisi ayons choisi ayez choisi

	SUBJONCTIF		CONDITIONNEL		INFINITIF	PARTICIPE
	Présent	**Imparfait**	**Présent**		**Présent**	**Présent**
TEMPS SIMPLES	que je choisisse que tu choisisses qu'il choisisse que nous choisissions que vous choisissiez qu'ils choisissent	que je choisisse que tu choisisses qu'il choisît que nous choisissions que vous choisissiez qu'ils choisissent	je choisirais tu choisirais il choisirait nous choisirions vous choisiriez ils choisiraient		choisir	choisissant
	Passé	**Plus-que-parfait**	**Passé 1re forme**	**Passé 2e forme**	**Passé**	**Passé**
TEMPS COMPOSÉS	que j'aie choisi que tu aies choisi qu'il ait choisi que nous ayons choisi que vous ayez choisi qu'ils aient choisi	que j'eusse choisi que tu eusses choisi qu'il eût choisi que nous eussions choisi que vous eussiez choisi qu'ils eussent choisi	j'aurais choisi tu aurais choisi il aurait choisi nous aurions choisi vous auriez choisi ils auraient choisi	j'eusse choisi tu eusses choisi il eût choisi nous eussions choisi vous eussiez choisi ils eussent choisi	avoir choisi	choisi(s), choisie(s) ayant choisi

Conjugaison des verbes du 3e groupe

➢ VERBE « POUVOIR »

	INDICATIF				IMPÉRATIF
	Présent	**Imparfait**	**Passé simple**	**Futur simple**	**Présent**
TEMPS SIMPLES	je peux tu peux il peut nous pouvons vous pouvez ils peuvent	je pouvais tu pouvais il pouvait nous pouvions vous pouviez ils pouvaient	je pus tu pus il put nous pûmes vous pûtes ils purent	je pourrai tu pourras il pourra nous pourrons vous pourrez ils pourront	
	Passé composé	**Plus-que-parfait**	**Passé antérieur**	**Futur antérieur**	**Passé**
TEMPS COMPOSÉS	j'ai pu tu as pu il a pu nous avons pu vous avez pu ils ont pu	j'avais pu tu avais pu il avait pu nous avions pu vous aviez pu ils avaient pu	j'eus pu tu eus pu il eut pu nous eûmes pu vous eûtes pu ils eurent pu	j'aurai pu tu auras pu il aura pu nous aurons pu vous aurez pu ils auront pu	

	SUBJONCTIF		CONDITIONNEL		INFINITIF	PARTICIPE
	Présent	**Imparfait**	**Présent**		**Présent**	**Présent**
TEMPS SIMPLES	que je puisse que tu puisses qu'il puisse que nous puissions que vous puissiez qu'ils puissent	que je pusse que tu pusses qu'il pût que nous pussions que vous pussiez qu'ils pussent	je pourrais tu pourrais il pourrait nous pourrions vous pourriez ils pourraient		pouvoir	pouvant
	Passé	**Plus-que-parfait**	**Passé 1re forme**	**Passé 2e forme**	**Passé**	**Passé**
TEMPS COMPOSÉS	que j'aie pu que tu aies pu qu'il ait pu que nous ayons pu que vous ayez pu qu'ils aient pu	que j'eusse pu que tu eusses pu qu'il eût pu que nous eussions pu que vous eussiez pu qu'ils eussent pu	j'aurais pu tu aurais pu il aurait pu nous aurions pu vous auriez pu ils auraient pu	j'eusse pu tu eusses pu il eût pu nous eussions pu vous eussiez pu ils eussent pu	avoir pu	pu ayant pu

➢ Verbe « ATTENDRE »

	INDICATIF				IMPÉRATIF
	Présent	**Imparfait**	**Passé simple**	**Futur simple**	**Présent**
TEMPS SIMPLES	j'attends tu attends il attend nous attendons vous attendez ils attendent	j'attendais tu attendais il attendait nous attendions vous attendiez ils attendaient	j'attendis tu attendis il attendit nous attendîmes vous attendîtes ils attendirent	j'attendrai tu attendras il attendra nous attendrons vous attendrez ils attendront	attends attendons attendes
	Passé composé	**Plus-que-parfait**	**Passé antérieur**	**Futur antérieur**	**Passé**
TEMPS COMPOSÉS	j'ai attendu tu as attendu il a attendu nous avons attendu vous avez attendu ils ont attendu	j'avais attendu tu avais attendu il avait attendu nous avions attendu vous aviez attendu ils avaient attendu	j'eus attendu tu eus attendu il eut attendu nous eûmes attendu vous eûtes attendu ils eurent attendu	j'aurai attendu tu auras attendu il aura attendu nous aurons attendu vous aurez attendu ils auront attendu	aie attendu ayons attendu ayez attendu

	SUBJONCTIF		CONDITIONNEL		INFINITIF	PARTICIPE
	Présent	**Imparfait**	**Présent**		**Présent**	**Présent**
TEMPS SIMPLES	que j'attende que tu attendes qu'il attende que nous attendions que vous attendiez qu'ils attendent	que j'attendisse que tu attendisses qu'il attendisse que nous attendissions que vous attendissiez qu'ils attendissent	j'attendrais tu attendrais il attendrait nous attendrions vous attendriez ils attendraient		attendre	attendant
	Passé	**Plus-que-parfait**	**Passé 1re forme**	**Passé 2e forme**	**Passé**	**Passé**
TEMPS COMPOSÉS	que j'aie attendu que tu aies attendu qu'il ait attendu que nous ayons attendu que vous ayez attendu qu'ils aient attendu	que j'eusse attendu que tu eusses attendu qu'il eût attendu que nous eussions attendu que vous eussiez attendu qu'ils eussent attendu	j'aurais attendu tu aurais attendu il aurait attendu nous aurions attendu vous auriez attendu ils auraient attendu	j'eusse attendu tu eusses attendu il eût attendu nous eussions attendu vous eussiez attendu ils eussent attendu	avoir attendu	attendu(s), attendue(s) ayant attendu

➤ Verbe « OFFRIR »

	INDICATIF				IMPÉRATIF
	Présent	**Imparfait**	**Passé simple**	**Futur simple**	**Présent**
TEMPS SIMPLES	j'offre tu offres il offre nous offrons vous offrez ils offrent	j'offrais tu offrais il offrait nous offrions vous offriez ils offraient	j'offris tu offris il offrit nous offrîmes vous offrîtes ils offrirent	j'offrirai tu offriras il offrira nous offrirons vous offrirez ils offriront	offre offrons offrez
	Passé composé	**Plus-que-parfait**	**Passé antérieur**	**Futur antérieur**	**Passé**
TEMPS COMPOSÉS	j'ai offert tu as offert il a offert nous avons offert vous avez offert ils ont offert	j'avais offert tu avais offert il avait offert nous avions offert vous aviez offert ils avaient offert	j'eus offert tu eus offert il eut offert nous eûmes offert vous eûtes offert ils eurent offert	j'aurai offert tu auras offert il aura offert nous aurons offert vous aurez offert ils auront offert	aie offert ayons offert ayez offert

	SUBJONCTIF		CONDITIONNEL		INFINITIF	PARTICIPE
	Présent	**Imparfait**	**Présent**		**Présent**	**Présent**
TEMPS SIMPLES	que j'offre que tu offres qu'il offre que nous offrions que vous offriez qu'ils offrent	que j'offrisse que tu offrisses qu'il offrît que nous offrions que vous offriez qu'ils offrissent	j'offrirais tu offrirais il offrirait nous offririons vous offririez ils offriraient		offrir	offrant
	Passé	**Plus-que-parfait**	**Passé 1re forme**	**Passé 2e forme**	**Passé**	**Passé**
TEMPS COMPOSÉS	que j'aie offert que tu aies offert qu'il ait offert que nous ayons offert que vous ayez offert qu'ils aient offert	que j'eusse offert que tu eusses offert qu'il eût offert que nous eussions offert que vous eussiez offert qu'ils eussent offert	j'aurais offert tu aurais offert il aurait offert nous aurions offert vous auriez offert ils auraient offert	j'eusse offert tu eusses offert il eût offert nous eussions offert vous eussiez offert ils eussent offert	avoir offert	offert(s), offerte(s) ayant offert

➤ Verbe « METTRE »

	INDICATIF				IMPÉRATIF
	Présent	**Imparfait**	**Passé simple**	**Futur simple**	**Présent**
TEMPS SIMPLES	je mets tu mets il met nous mettons vous mettez ils mettent	je mettais tu mettais il mettait nous mettions vous mettiez ils mettaient	je mis tu mis il mit nous mîmes vous mîtes ils mirent	je mettrai tu mettras il mettra nous mettrons vous mettrez ils mettront	mets mettons mettez
	Passé composé	**Plus-que-parfait**	**Passé antérieur**	**Futur antérieur**	**Passé**
TEMPS COMPOSÉS	j'ai mis tu as mis il a mis nous avons mis vous avez mis ils ont mis	j'avais mis tu avais mis il avait mis nous avions mis vous aviez mis ils avaient mis	j'eus mis tu eus mis il eut mis nous eûmes mis vous eûtes mis ils eurent mis	j'aurai mis tu auras mis il aura mis nous aurons mis vous aurez mis ils auront mis	aie mis ayons mis ayez mis

	SUBJONCTIF		CONDITIONNEL		INFINITIF	PARTICIPE
	Présent	**Imparfait**	**Présent**		**Présent**	**Présent**
TEMPS SIMPLES	que je mette que tu mettes qu'il mette que nous mettions que vous mettiez qu'ils mettent	que je misse que tu misses qu'il mît que nous missions que vous missiez qu'ils missent	je mettrais tu mettrais il mettrait nous mettrions vous mettriez ils mettraient		mettre	mettant
	Passé	**Plus-que-parfait**	**Passé 1re forme**	**Passé 2e forme**	**Passé**	**Passé**
TEMPS COMPOSÉS	que j'aie mis que tu aies mis qu'il ait mis que nous ayons mis que vous ayez mis qu'ils aient mis	que j'eusse mis que tu eusses mis qu'il eût mis que nous eussions mis que vous eussiez mis qu'ils eussent mis	j'aurais mis tu aurais mis il aurait mis nous aurions mis vous auriez mis ils auraient mis	j'eusse mis tu eusses mis il eût mis nous eussions mis vous eussiez mis ils eussent mis	avoir mis	mis, mise(s) ayant mis

Crédits photographiques

Couverture MATTOTTI Lorenzo ; 8 (et 3) AKG-Images ; 10 (et 11ht, 13ht, 15ht, 17ht, 19ht, 21ht) HEMIS/ Gregory Gerault/©ADAGP, Paris 2020 ; 11 m BRIDGEMAN IMAGES ; 11 bas BRIDGEMAN IMAGES/ Leemage/Photo Josse ; 12 BRIDGEMAN IMAGES/Leemage/Photo Josse ; 13 BRIDGEMAN IMAGES ; 14 BRIDGEMAN IMAGES/Leemage/Photo Josse ; 15 Droits Réservés ; 17 BRIDGEMAN IMAGES/Leemage/ Photo Re-Public ; 22 ht Plonk & Replonk éditeurs ; 22 bas BATORY Michal ; 23 © ADAGP, Paris 2020 ; 24 ht ©Bernard Cadene ; 24 bas d ©Bernard Cadene ; 24 bas g ©Bernard Cadene ; 25 © Bernard Cadene ; 26 ht BRIDGEMAN IMAGES/Leemage/Opale/Philippe Matsas ; 26 bas BIS / Ph. Coll. Archives Larbor ; 27 ht BRIDGEMAN IMAGES/Leemage/Luisa Ricciarini ; 29 MUSEE PICASSO ANTIBES /Image Art, Claude Germain/Jacques Prévert © ADAGP, Paris 2020 ; 33 ICONOVOX/Deligne ; 34 ©Musée du Quai Branly - Jacques Chirac/Dist. RMN - Grand Palais/Photo Clause Germain ; 35 bas Photo Centre Pompidou, MNAM-CCI, Dist. RMN - Grand Palais/Philippe Migeat/©Association Les Amis de Marc Riboud ; 35 ht g Ministère de la Culture - Médiathèque de l'Architecture et du Patrimoine/Dist. RMN - Grand Palais/Willy Ronis ; 35 m g BATORY Michal ; 36 ht (et 37ht, 39ht, 41ht, 43ht, 45ht, 47ht, 49 ht) © ADAGP, Paris 2020 ; 36 bas AKG-Images ; 37 LA COLLECTION/Artothek/Christie's/© 2020 Niki Charitable Art Foundation/ADAGP, Paris 2020 ; 38 ADOC-PHOTOS ; 39 BRIDGEMAN IMAGES/Leemage ; 40 ht BRIDGEMAN IMAGES/Leemage/ Lebrecht ; 40 bas BRIDGEMAN IMAGES ; 41 GAMMA RAPHO/Keystone ; 43 SHUTTERSTOCK/Dean Drobot ; 45 Jacques Prévert ©ADAGP, Paris 2020 ; 47 CHRISTOPHE L COLLECTION/ © Universal Pictures International ; 52 BRIDGEMAN IMAGES/Leemage/North Wind Pictures ; 54 BRIDGEMAN IMAGES/Rue des Archives/Granger NYC ; 55 GAMMA RAPHO/API ; 57 BRIDGEMAN IMAGES/Leemage/North Wind Pictures ; 59 d BPI 2020/© Ricardo Moser ; 59 g GAMMA RAPHO/© Robert Doisneau ; 64 ht BIS / Ph. Coll. Archives Nathan ; 64 bas BRIDGEMAN IMAGES/De Agostini Picture Library/M. Carrieri ; 65 BRIDGEMAN IMAGES/© ADAGP, Paris 2020 ; 66 AKG-Images ; 67 BIS / Ph. Michel Didier © Archives Larbor ; 68 BIS / Ph. © Archives Nathan ; 69 BRIDGEMAN IMAGES/Granger ; 71 BRIDGEMAN IMAGES/Leemage/Photo Josse ; 73 GETTY IMAGES France/View Stock ; 76 ht BRIDGEMAN IMAGES/Christie's Image/© ADAGP, Paris 2020 ; 76 bas BRIDGEMAN IMAGES ; 77 © Alex Katz/© ADAGP, Paris 2020 ; 78 BIS / Ph. H. Josse © Archives Larbor ; 79 BRIDGEMAN IMAGES/Leemage/Luisa Ricciarini ; 80 ht ADOC-PHOTOS ; 80 bas CHRISTOPHE L COLLECTION/© Le Pacte/Scarlett Production/ Jean-Claude Lother ; 85 CHRISTOPHE L COLLECTION/ © Walt Disney Pictures/Jerry Bruckheimer Films ; 87 SHUTTERSTOCK/vhpicstock ; 89 bas © CNL/Illustration : Joseph Falzon/Design : Iceberg ; 90 (et 5) CHRISTOPHE L COLLECTION/The Granger Collection, NYC/Erik Falkenseen/ © 2020 Banco de Mexico Diego Rivera Frida Kahlo Museums Trust, Mexico D.F./ADAGP, Paris 2020 ; 93 ©BETC - Kimsooja, Bottari-truck - Migrateurs, 2007-2009. Collection Musée national de l'histoire de l'immigration. Photo © Thierry Depagne, avec l'aimable autorisation du MAC VAL et de Kimsooja Studio ; 94 GAMMA RAPHO/Louis Monier ; 95 © Centre Pompidou, MNAM - CCI, Dist. RMN - Grand Palais/Philippe Migeat/© Gérard Fromanger ; 96 AURIMAGES /Ulf Andersen ; 97 g © FFF ; 97 d © CMCIC ; 102 CHRISTOPHE L COLLECTION/© Davis Entertainment/Laurence Mark Productions ; 104 CHRISTOPHE L COLLECTION/ © Universal Pictures/Amblin Entertainment ; 105 ht BRIDGEMAN IMAGES/Leemage/Luisa Ricciarini/ © SBJ/ADAGP, Paris 2020 ; 105 bas PLANTU ; 107 © Def Jam France ; 108 BRIDGEMAN IMAGES/Leemage/Rue des Archives/ ; 109 BRIDGEMAN IMAGES/Leemages/Luisa Ricciarini ; 110 BRIDGEMAN IMAGES/ © ADAGP, Paris 2020 ; 112 SHUTTERSTOCK/Horst Lieber ; 113 SHUTTERSTOCK/Janson George ; 114 ANDIA/ABC/Quinet/Reporters ; 115 REPESSE Antoine ; 117 © Mairie de Paris ; 122 AMSELLEM BRUNO/Divergence ; 124 © Robert Adamo ; 125 © Robert Adamo ; 126 BIS / Ph. Coll. Archives Nathan ; 128 AKG-Images ; 129 FOURNIER Vincent ; 136 BRIDGEMAN IMAGES/Leemage/ Photo Josse ; 139 Usine Nouvelle ; 140 AURIMAGES / Ulf Andersen ; 141 BRIDGEMAN IMAGES/Leemage/ Luis Ricciarini/ © ADAGP, Paris 2020 ; 142 SHUTTERSTOCK/Stockerr Shmokerr ; 143 ICONOVOX/Deligne ; 144 BRIDGEMAN IMAGES/Leemage/Opale/John Foley ; 153 (et 141ht, 143ht, 145ht, 147ht, 149ht, 151ht, 153ht) BRIDGEMAN IMAGES/Leemage/Photo Josse/ADAGP, Paris 2020.

Crédits textes

Page 41, Louis Aragon, *Les yeux d'Elsa* © Seghers, Paris, 1942, coll. Poésie d'abord, 2004 ; page 41, 2004, coll. Poésie d'abord ; page 93, Édouard Glissant et Patrick Chamoiseau, *Immigration et diversités, les mots du débat*, 2007, Éditions Les périphériques vous parlent ; page 102, Alexandra EDIP, « Les robots une chance pour l'homme ? », *Capital*, octobre 2017 ; Page 105, © The Nobel Foundation 2008 ; page 114, ANNE-LAURE LEGALL/PARIS MATCH/SCOOP, extrait du PARIS MATCH n° 3640 du 14/02/2019 ; page 127, Sondage réalisé par l'institut Ifop pour le Pèlerin n° 6961 © Bayard Presse 2016 ; page 129, Capital.*fr*, 29/01/2019 © *Prisma Média) ;* page 142, Guillaume Goubert, *La Croix* du 13 août 2019 © Bayard Presse ; page 145, Stromae, *Carmen*, album « *Racine carrée* » © Mosaert Label 2013.

N°de projet : 10261449

Imprimé en avril 2020 en Italie par Grafica Veneta S.p.A.